빈

예술을 사랑하는 영원한 중세 도시

차례
Contents

03예술을 사랑하는 영원한 중세 도시 05청동기 시대부터 중세 시대까지의 빈 14르네상스 시대부터 바로크 시대까지의 빈 33'빈 회의' 이후의 빈 54프란츠 요제프 1세 시대의 빈 7920세기 현대의 빈

예술을 사랑하는 영원한 중세 도시

알프스 산맥 동쪽, 중부 유럽의 너른 평원에는 푸른 도나우 강을 따라 아름다운 도시 빈과 프라하 그리고 부다페스트가 나란히 자리 잡고 있다. 이 도시들은 파리나 베를린과 달리 몇백 년 전 과거의 모습을 거의 완벽하게 유지하고 있어 과거 유럽의 역사를 체험해 보고 싶어 하는 전 세계의 여행자들을 불러 모으고 있다.

이 세 도시는 어딘지 모르게 서로 닮았다. 아마도 중세 이래로 줄곧 합스부르크 왕가의 영향권 안에 있었기 때문일 것이다. 서로 비슷하지만 사실 이 도시들은 역사적으로 서로 경쟁하는 관계였다. 그래서 오늘날도 마치 미인대회에 나온 아름다운 여인들처럼 서로 개성을 자랑하며 아름다움을 뽐내는 듯하다. 그 아름다움을 보석에 비유하자면, 프라하는 붉은색 기와지붕인 옛 성들과 저택들 그리고 붉은 포석이 깔려 있어 산호 같다는 느낌이 든다. 반면에 부다페스트는 흑색에 가까운 잿빛 건물들이 많아 흑진주 같은 느낌을 준다. 빈은 다이아몬드의 느낌이 난다. 빈에는 동그란 '링Ring(대략 4km 길이의 말발굽 모양의 동그란 순환도로)'을 따라 화려한 옛 건물들이 들어서 있는데, 이것 때문에 다이아몬드의 느낌이 난다. 건물의 생김새는 고전주의, 고딕, 르네상스, 바로크 등 각종 건축 양식들로 다양하지만, 색깔은 화강암처럼 눈부시게 빛나는 하얀색뿐이다.

역사적으로 이 다이아몬드 빛은 수많은 사람들로 하여금 빈에 대한 욕망을 갖게 했고 그들을 이곳으로 불러 모았다. 일찍이 모차르트가 이 도시의 매력에 이끌려 왔으며, 심지어 히틀러도 청년 시절에 빈의 미술학교에 입학하기 위해 왔다. 같은 시기에 스탈린도 이곳에서 혁명을 꿈꾸었다. 도대체 어떤 힘이 그들을 빈으로 불러 모았을까? 그들은 이곳에 와서 어떻게 살았을까?

빈을 이해하기 위해서는 빈을 거쳐 간 모든 사람들의 욕망과 그들이 남긴 발자취를 따라가 보는 것이 좋을 듯하다. 빈은 수많은 사람들이 희망과 불안 속에 함께 부대끼며 만든 도시다. 그들이 남긴 체취는 오늘날 도시 곳곳에 배어 있다. 그 역사의 흔적을 찾아 오늘 빈 구석구석을 둘러보기로 하자.

청동기 시대부터 중세 시대까지의 빈

빈 문명의 시작: 켈트족 그리고 로마인들

빈의 초기 역사를 살펴보면 마치 텅 빈 숲 속에서 바늘을 찾는 듯한 느낌을 받는다. 초창기의 빈은 도심 지하에 청동 항아리 몇 개와 약간의 뼈 장신구 따위를 남겼을 뿐이다. 그 파편의 주인공들을 퍼즐처럼 맞춰 보려고 애를 써 보아도 알아낼 수 있는 것은 거의 없다. 다만 그들이 유럽 중서부에 살았던 켈트족이며, 기원전 5세기 무렵부터 빈에 와서 살았다는 사실 정도만 알 수 있을 뿐이다. 빈에 처음으로 발자취를 남긴 켈트족의 생김새가 어땠는지 지금으로서는 알 길이 없다. 오늘날 빈에 살고 있는 사람들 중에 유독 파란빛이 감도는 옅은

회색 눈과 갈색 머리칼을 한 사람들이 많다. 그래서 이와 같은 인종적 특징이 켈트족과 관련이 있지 않을까 추측해 볼 뿐이다. 프리츠 랑Fritz Lang의 표현주의 영화「니벨룽겐의 노래」를 보면, 빈을 아직도 야만인인 훈족들이 사는 나라로 묘사하고 있다. 사람들은 원시인처럼 털가죽 옷을 입고 있으며, 동굴에서 생활하고 맨발로 걸어 다닌다. 왕은 기이한 왕관을 쓰고 있다. 초창기에 빈 사람들은 아마도 이런 모습을 하고 있었을 것이다. 오늘날에도 "발칸은 빈으로부터"라는 우스갯소리가 남아 있는데, 이 말에는 부정적 의미가 함축되어 있다. 초창기의 빈은 아직 유럽 문명의 변방이었다.

빈이 본격적으로 문명의 세례를 받기 시작한 것은 기원전 15년에 로마 군대가 이 지역에 들어와 전초기지인 '빈도보나Vindobona'를 건설하면서부터다. 현재 슈테판 대성당 옆 그라벤Graben('파낸 곳'이라는 뜻)과 암호프Am Hof 등, 시내 중심가의 지하에서 당시 성벽들의 잔해가 토목 공사 중에 간간이 발견되고 있다.[1] 이를 토대로 추측하건대, 그들의 거주 구역은 빈 동부의 도나우 강을 자연 경계로 하고, 서쪽으로는 북부 누스도르프Nußdorf에서 남부 지머링Simmering까지 이어지는 경계선을 가지고 있었을 것이다. 발굴 유물 중에서 가장 잘 보존된 곳은 호어마르크트Hoher Markt 3번지 지하의 온돌 구조다.[2] 또한 1990년도에는 미하엘 광장의 지하 공사장에서 벽난로와 벽화를 발굴했다. 시내 거리 명칭인 그라벤도 그들이 방어하기 위해 파놓은 참호에서 유래했을 것으로 추정된다. 로마인들은 당시 빈을 빈도보나라고 불렀는데, 그 어원은 분명하지 않다.

빈도보나는 그 후 서기 433년에 훈족의 침입을 받아 다시 한 번 주인이 바뀌었다. 그러나 훈족은 아틸라 왕이 사망하자 곧 퇴각했고, 이번에는 주변의 헝가리인들과 루마니아인들이 이곳에 들어와 살았다. 이들은 서로 참혹한 민족 전쟁을 벌였다. 620년 무렵 자모라는 게르만인이 슬라브인들을 도와 슬라브 제국을 건설했지만 오래 가지 못했다. 이들은 자신들의 삶에 대해 기록을 많이 남기지 않았다. 그들은 다만 이 지역 이름을 '베니아wenia'로 바꾸어 불렀으며, 이 단어가 오늘날 '빈Wien'의 어원이 되었다.

중세 독일 귀족들의 등장과 패권 경쟁

빈은 10세기에 접어들면서 비로소 자신에 대한 기록을 조금씩 남기기 시작했다. 현재 뮌헨의 바이에른 중앙문서보관소에 소장되어 있는 서류 한 장을 보면, 서기 976년에 독일 신성로마제국 바벤베르크Babenberg 가문의 레오폴트 1세가 이 지역의 '변방 백작'으로 임명되었다는 기록이 있다. 이 문서를 근거로 오늘날 빈 사람들은 자신들의 역사와 전통이 1000년이나 된다고 자랑스럽게 여긴다.

서기 996년 황제 오토 3세가 프라이징 주교에게 이 지역을 봉토封土로 수여하면서 발행한 증서에 처음으로 '오스타리치Ostarrichi'라는 명칭이 등장한다. 오늘날 오스트리아라는 나라

이름은 여기서 비롯된 것으로 추정된다. '오스트'는 동쪽이란 뜻이고, '리치'는 '격리된 지역'이라는 뜻이다. 중세 도시로서의 면모는 그 후 1200년 무렵에 현재의 '링'을 따라 방어용 성곽이 건설된 뒤에야 갖추었다. 하지만, 쾰른, 레겐스부르크 등에 비하면 빈은 아직 유럽 변방의 작은 촌락에 불과했다.

방어용 성곽은 1529년 터키가 침략했을 때 붕괴되었으며, 16세기 중엽 르네상스 시대에 갈지자 형태의 성벽을 다시 쌓았다. 하늘에서 성곽을 내려다보면, 마치 거대한 보안관 배지처럼 들쭉날쭉하게 생겼고, 성곽의 꼭지점들마다 대포를 거치할 수 있는 '바스타이Bastei', 즉 포대가 있었다. 현재 빈 동부 코부르크 궁 앞 공터에 그 잔해의 일부가 복원되어 있다. 궁전 건물 안에 들어가 보면 중세 시대 빈의 모습을 현대적 모자이크 벽화로 재현해 놓았다. 그리고 예전에는 성곽 둘레에 침입하는 적들을 잘 볼 수 있도록 휴전선 DMZ처럼 약 500m 폭의 경사진 빈 언덕, 즉 사제斜堤(Glacis)가 빙 둘러 있었다. 오늘날도 시청과 보티프 교회가 있는 쇼텐링 바깥쪽에는 그 흔적으로 넓은 잔디밭이 그대로 남아 있다.

중세 도시 빈은 '아프로디테의 사파'처럼 탐스러운 곳이었다. 기후가 따뜻해 농사가 잘 되었으며, 푸른 도나우 강이 관류하고 있어 교통도 편리했다. 지금은 포도원이 도시 근교로 밀려났지만, 아직도 빈 음악대학교 옆의 슈바르첸베르크플라츠Schwarzenbergplatz에는 아주 작은 규모의 포도원이 조성되어 있어 중세 시대에는 빈 시내에서도 포도 농사를 지었음을 짐작하게 해준다. 이 탐스러운 '사과'를 따기 위해 중세 초기에 바벤베르크, 슈타우펜, 합스부르크 등 독일의 여러 쟁쟁한 귀족 가문들이 이곳으로 왔는데, 서로 치열한 싸움을 벌인 결과, 최후의 승리는 합스부르크 가문의 루돌프 1세에게 돌아갔다.

루돌프 1세는 1278년 보헤미아(현재의 체코) 출신의 오타카르 왕과의 최종 결전에서 승리해 이 지역의 승자가 되어 향후 640년간 지속되는 합스부르크 제국의 시조가 되었다. 19세기 초 오스트리아 고전주의 극작가 그릴파르처Franz Grillparzer는 이 사건을 소재로 시극「오토카 왕의 행운과 종말König Ottokars Glück und Ende」(1825)을 창작했다. 이 작품에서 합스부르크 가문의 루돌프는 중세적 평화와 질서를 사랑하는 자로, 그리고 오타카르 왕은 자신의 분수를 모르고 욕심을 부리는 일종의 반역자로 묘사했다. 이런 묘사는 그 후에도 두 민족 간에 계속되는 헤게모니 다툼에 대한 작가의 비판의식에서 나온 것이다.

합스부르크 가문은 도나우 강 유역에 새로운 왕조를 건설하고도 초기에는 그대로 독일 남부와 스위스에 거점을 두었다. 따라서 루돌프 1세는 자신의 영원한 안식처를 빈이 아닌 독일 슈파이어 대성당의 지하에 마련했다. 16세기에 들어와서도 막시밀리안 1세가 합스부르크 왕국의 수도를 빈에서 멀리 떨어진 인스부르크에 정한 적이 있는데, 그에게는 아메리카 신대륙 발견 이후 프랑스와 스페인이 더 중요했던 것이다.

하지만 오늘날 빈의 아름다운 도시 건설은 온전히 합스부르크 왕가의 공로로 돌려야 한다. 그들은 약 640년 동안 합스부르크 왕조를 유지하면서 유럽의 변방에 불과하던 빈을 국제도시로 발전시켰다. 그들은 30년 전쟁(1618~1648)의 혼란을 틈타 신성로마제국의 지배와 간섭에서 벗어날 수 있었다. 그리고 막강한 주교좌主敎座 도시 파사우Passau의 반대를 물리치고 마침내 빈을 주교좌 도시로 승격시켰으며, 궁극적으로는 로마 가톨릭의 간섭에서도 벗어나려고 노력했다. 이리하여 그들은 19세기 말 중부 유럽에 거대한 도나우 왕국을 건설했다.

중세 동서 무역의 허브 도시

초기 중세 도시 빈의 모습은 오늘날 시내의 동편 언덕에 있는 루프레히트 교회에서 어렴풋이나마 흔적을 찾을 수 있다.[3] 정확한 연대는 알 수 없지만 서기 800년 무렵에 지어서 빈에서 가장 오래된 역사를 자랑한다. 이 교회에서 가장 눈에 띄는 것은 로마네스크 양식의 고색창연한 종탑에 나 있는 작은 쌍둥이 창문이다. 이 창문은 마치 긴 겨울잠에서 깨어난 알프스 쥐의 두 눈 같이 정다운 모습을 하고 있다. 이 교회는 로마네스크 양식으로 지은 건물로는 독일어권 동남부 지역에서 유일한 것이다. 물론 독일 밤베르크 대성당이나 슈파이어 대성당에 견주면 규모도 작고 소박하지만 운치가 있다.

도나우 운하 선착장 옆 언덕 위에 자리 잡은 루프레히트 교회의 뜰에는 루프레히트 석상이 서 있다. 잘츠부르크의 암염 광부들의 수호성인으로 알려진 그의 손에 들려 있는 소금통은 잘츠부르크의 소금 상인들이 도나우 강을 따라 이곳까지 왔음을 말해 준다. 근처의 지명도 잘츠그리스(소금 가루), 잘츠토어가세(소금 문 골목), 잘츠토어브뤼케(소금 문 다리) 등 소금과 관련되는 것이 많다. 바다와 멀리 떨어져 있는 빈 시민들에게 소금은 값비싼 물품이었을 것이다.

그리고 저 멀리 북쪽의 스칸디나비아 반도에서 바이킹의 후예들이 이탈리아 로마로 '호박琥珀'을 팔러 갈 때 빈에서 숙박했으며, 이스탄불의 상인들은 양탄자를, 암스테르담 상인들은 치즈를 가지고 왔다. 중세의 빈은 세계 동서 무역로의 교차점에 자리한 물류 도시였다. 1221년의 빈 '시청법규'를 보면, "보헤미아의 호프와 맥주, 폴란드의 꿀, 러시아의 피혁, 브레멘의 청어, 베네치아의 유리 공예품, 비잔틴의 비단, 동양의 향신료, 그리고 오스트리아의 달걀, 양, 염소, 치즈, 과일, 땔감, 곡식 및 포도주"가 관리 품목으로 지정되어 있다. 귀족들은 이 사치품들의 유통을 통제했던 것이다.

그렇다면 중세 때 일반 서민들은 주로 무엇을 먹고 살았을까? 1548년 시인 슈멜츨레W. Schmelzle는 빈 시내 페터스플라츠Petersplatz의 시장에서 거래되는 품목들을 "달걀, 암탉, 거위, 오리, 거세한 살찐 수탉, 사탕무, 순무, 무, 양배추, 절인 양배추, 파슬리 그리고 양상추"[4]라고 나열해 놓고 있다. 육류보다는 양계류와 채소가 주식이었던 것이다. 오늘날 지하철 U4의 케텐브뤼켄가세Kettenbrückengasse[5] 역 근처의 대규모 재래시장인 나쉬마르크트Naschmarkt에서 흔히 볼 수 있는 감자, 양파, 파프리카 따위도 아직 눈에 띄지 않는다.

중세의 무역상들은 빈에 올 때 자기 나라의 특산품뿐만 아니라 고유의 언어도 가져왔다. 그래서 빈 시내에서는 독일어를 비롯해 이탈리아어, 라틴어(헝가리 귀족들의 언어), 보헤미아어, 폴란드어, 슬로베니아어, 심지어 아라비아어까지도 흔히 들을 수 있었다. 중세의 빈은 국제도시로서 '수많은 민족과 문화의 용광로'였다. 특히 지리적 위치 때문에 체코 사람들이 빈에 많이 살았다. 그래서 20세기 초반에는, 비록 부결되었지만, 도로 교통 표지판에 체코어를 병기해야 한다는 법안이 제국 의회에 제출된 적이 있을 정도다.

빈의 상징인 슈테판 대성당

중세 도시 빈에서 오늘날까지 남아 있는 대표적 문화유산은 무엇보다도 12세기 중엽부터 건설되기 시작한 슈테판 대성당이다. 1304년 알브레히트 2세가 빈의 국제적 위상을 높이기 위해 성당 건축을 다시 시작했으며, 1360년에 루돌프 4세가 일차로 완성했다. 건물 전체는 고딕 양식이지만, 13세기 초반에 완공된 정문의 무지개 장식은 노르만 양식이다. 바구니처럼 엮거나 겹쳐진 나뭇잎, 톱니, 생선가시 따위의 장식은 아주 화려하다. 독일, 프랑스, 영국, 이탈리아 등지에서 온 금세공 기술자, 화가, 건축가들이 건물 곳곳에 수세기에 걸쳐 자신들의 예술 양식을 가미했다. 그들은 자신들의 예술에 대해 자부심이 대단했다. 그 예로 건축설계사 안톤 필그람은 컴퍼스와 자를 들고 있는 자신의 모습을 성당 벽에 새겨 넣기도 했다.6)

성당 입구에는 루돌프 4세가 작은 교회를 손에 들고 서 있는 모습이 보이는데, 이 작은 교회에는 거대한 종탑이 없고 좌우 대칭인 작은 종탑이 있을 뿐이다. 오늘날 우리가 볼 수 있는 거대한 종탑은 1440년도에야 비로소 완성되었다. 높이가 137m나 되는 이 종탑은 남쪽의 허리 쪽에 붙어 있어 건물 전체가 좀 기형으로 보인다. 북쪽의 것은 나중에 짓기로 했다가 예산이 부족해서 건축을 포기한 것으로 추측된다.

성당 지붕에는 타일 모자이크로 쌍두 독수리 무늬가 크게 그려져 있다. 그것은 1461년 프리드리히 3세가 이 도시에 수여한 문장紋章이다. 1867년 프란츠 요제프 1세가 헝가리와 협정을 맺어 자신이 두 나라의 국방과 외교권을 모두 가지고 나머지 권한은 그 나라의 자치에 맡기는 특이한 방식의 '이중왕국'을 형성한 다음부터 이중 머리는 오스트리아와 헝가리를 상징했다.

빈 사람들은 슈테판 성당을 사랑한다. 성당을 유지하고 보수하기 위해 지금도 성금을 내고 있으며, 탑은 아직도 보수하고 있다. 성당은 빈 시내의 정중앙에 자리 잡고 있어 빈 시내의 어디에서나 잘 보인다. 시민들은 해외에 나가서도 대성당의 종소리를 잊지 못한다. 웅장하면서도 은은한 종소리는 그들의 영원한 고향, 빈의 소리다.

르네상스 시대부터 바로크 시대까지의 빈

유럽 가톨릭 세계의 영원한 보루: 왕궁과 교회

16세기 르네상스 시대에 빈은 많은 문화유산을 남기지 못했다. 오스만 투르크의 침략에 대비해 거대한 성곽을 쌓느라 경제적인 여력이 없던 탓도 있었지만, 근본적으로 빈은 르네상스의 인문주의 문화에 대해 적대적이었기 때문이다. 빈은 국교가 가톨릭인 보수주의 도시였다. 따라서 네덜란드를 비롯한 북유럽 국가들, 그리고 프랑스의 르네상스 미술을 꺼렸다. 굳이 빈에 남아 있는 르네상스 시대의 유산을 거론하자면, 빈 왕궁의 중간 출입문과 마구간, 중정中庭의 둥근 아치형 베란다가 있다. 네덜란드 화가 히에로니무스 보쉬의 「그리스도의 십자가 운반」 그리고 그의 형인 브뤼겔의 「눈밭의 사냥꾼」 「어린이들의 놀이」 「농촌의 결혼식」 「바벨탑 건축」 등도 오늘날 빈 예술사 박물관에서 만나 볼 수 있다.

빈은 언제나 보수주의자들이 승리하는 반反혁명의 도시였다. 일찍이 독일 북부의 중세 도시들은 자유주의 시장경제를 통해 부를 축적했고, 이것을 지키기 위해 자유주의를 신봉했다. "도시의 공기는 자유를 가져온다"는 이념은 상인, 공장주, 이교도, 그리고 계몽주의 철학자들이 전파한 것이었다. 하지만 중세 도시 빈은 그들의 소리에 귀를 기울이지 않았다. 빈은 가톨릭 성직자들의 말을 신봉했으며, 시민들에게 "개인은 근본적으로 악한 존재다. 그러므로 개인은 통제를 받고 질서를 지켜야만 한다"는 보수주의 교리를 가르쳤다.

빈의 합스부르크 가문은 보수주의 질서를 가르치는 가톨릭 성직자들을 환영했으며, 특히 1593년 이후 에르츠 대공은 다시 가톨릭화를 강력히 추진했다. 이리하여, 루터의 종교전쟁 동안 잠시 주춤했던 가톨릭은 비약적으로 발전했다. 이때 빈에 와서 정착한 수도회들을 열거하자면, 17세기 전반부의 제르비트회(Serviten), 도미니카회(Dominikaner), 카르멜리트회(Karmeliter), 1660년의 우르술린회(Ursulinen), 1690년의 트리니타리어회(Trinitarier), 1697년 피아리스회(Piaristen), 1698년 오라토리아회(Oratorianer), 1703년 테아티너회(Theatiner) 등이 있다.

이 수도회들이 세운 성당에 들어가 보면, 천장화나 벽화에서 마리아와 성인들 이외에도 추락하는 천사의 모습을 자주 볼 수 있는데, 이것은 르네상스 인본주의자들의 지적 오만함에 대한 경고였다. 1627년에 건설한 독토르이그나츠자이펠광장(Dr.-Ignaz-Seipel-Platz)의 예수회 교회는 당시 로마식 건축미의 전형을 보여준다. 이 교회는 종탑이 없으며, 삼각형 박공牔栱 벽이 정면 꼭대기를 장식하고 있다. 정면 벽과 양 측면 벽을 연결하는 지붕 부분은 베니스의 성당들에서 자주 볼 수 있는 '소용돌이 장식'으로 되어 있다.

빈의 귀족들은 유럽에서 가톨릭 세계를 수호하는 것을 최고의 영예로 여겼다. 이교도 헝가리인들과 터키 모슬렘의 침입을 막아 내는 데 성공한 빈은 서쪽으로 영토를 확장하는 데 신경을 썼다. 일찍이 막시밀리안 황제는 1477년에 프랑스 접경 지역의 왕국 부르군트의 마리아 공주와 혼인한 뒤 왕국의 수도를 인스브루크로 옮겼으며, 루돌프 2세는 1583년에 '황금도시' 프라하로 천도했다. 독일이 루터의 종교개혁 이후 농민전쟁 등이 일어나 정치적으로 혼란한 틈을 타, 빈은 독일제국으로부터 완전히 독립해서 성직자와 귀족들의 국제도시로 빠르게 부상할 수 있었다.

황실은 프랑스 파리 그리고 로마와 경쟁하면서 화려한 왕궁을 건축하고 궁정 문화를 발달시켰다. 각종 연회, 바로크 오페라와 연극 공연, 음악회, 축제, 사냥 행사들이 끊이지 않았다. 15세기의 교황 피우스 2세의 기록에 따르면 "빈에서는 날마다 포도주를 운반하기 위해 1200마리의 말이 필요했다."

왕궁의 귀족 사회는 남성 중심이었지만, 간혹 남성 못지 않은 귀부인들도 있었다. 엘레오노라 곤차가 왕비(1598~1655)는 독자적으로 수도원을 건립했으며, 황제를 마음대로 조종했다. 왕비는 제국의 영토를 순시하면서 귀족 가문에서 18세 이상의 규수들을 궁녀로 선발해 입궁시켰다. 약 80-100명의 궁녀를 항상 거느리면서 궁정 예법과 가톨릭 교리를 가르쳤다. 국가 행사 때는 궁녀들을 거느리고 나타나 자신의 세력을 과시했으며, 날마다 요리 담당 궁녀를 바꾸어 가며 자신이 먹을 새로운 요리를 만들게 했다.[7] 궁녀들은 병사들처럼 기숙사 생활을 했으며, 밤에는 바깥에서 문을 걸어 잠갔기 때문에 몰래 궁궐 담을 넘어 시내에 나가 애인을 만나거나 군것질거리를 사 가지고 돌아오는 일이 많았다.

벨베데르 궁전: 오스만 투르크 전쟁의 전승 기념 건물

빈 시내에서 멀지 않은 남쪽에 벨베데르Belvedere 궁전(1721)이 자리 잡고 있다. 이 왕궁은 16세기 오스만 투르크 전쟁과 관계가 깊다. 빈은 지리적으로 유럽의 동쪽에 치우쳐 있었으므로 유럽으로 진출하려는 오스만 투르크인들의 침입을 제일 먼저 받았다. 오스만 투르크인들이 남기고 간 유물들은 칼스플라츠의 빈 박물관[8] 및 빈 3구 병기창에 있는 전쟁사 박물관[9]에서 볼 수 있다.

오스만 투르크인들은 15세기에 비잔틴 제국의 수도 콘스탄티노플(현재의 이스탄불)을 함락한 뒤 발칸 반도까지 진출해 살고 있었으며, 호시탐탐 '기독교 세계의 황금 사과' 빈을 노렸다. 빈은 그때마다 신에게 의지했다. 1529년에 술탄 슐레이만 2세는 30만 대군을 이끌고 와 빈을 포위했지만, 빈의 추운 겨울 날씨가 그들을 물리쳤다. 1683년에는 술탄 무스타파 2세가 또다시 대군을 이끌고 쳐들어 왔다. 이번에는 독일의 용병 2만 명이 지원군으로 와서 그들을 격퇴했다.

빈은 터키인들이 물러간 이후에 비로소 안심하고 도시 건설에 매진할 수 있었다. 무너진 성곽을 보수하고 화려한 궁전을 건축하는 등, 새롭게 단장을 했다. 그 후 빈은 100년 동안의 평화가 지속되는 동안, 프랑스 파리와 견줄만한 국제적 바로크 문화권으로 진입할 수 있었다. 잦은 전쟁은 시민들의 애국심을 고양하고, 결과적으로 국가의 모든 자원이 왕실로 집중될 수 있게 하고 바로크 절대왕정이 탄생할 수 있게 했던 것이다.

이 시기에 지어진 벨베데르 궁전의 건축 양식을 보면, 기존 르네상스식의 단순한 축 병렬형 대신 건물의 중앙이 돌출된 형태이다. 이것은 빈이 세계의 중심이라는 것을 상징한다. 터키로 가는 길목의 높은 언덕에서 빈을 내려다보고 있는 이 건물은 마치 빈을 지키는 수호신처럼 보인다. 이 건물에서 특히 눈에 띄는 것은 푸른 지붕이다. 프랑스 베르사이유 궁전의 지붕과도 흡사하지만, 베르사이유 궁전이 전 세계 오대양을 누비는 날렵한 군함처럼 생겼다면, 벨베데르 궁전은 단아하며 오스만 투르크 군대의 천막처럼 생겼다.

설계자 힐데브란트는 벨베데르 궁전 전체의 구조를 알레고리(은유)로 설계했다. 중앙의 정원을 사이에 두고 위채와 아래채로 나뉘어 있는 왕궁을 구경하려면, 방문객은 아래채에서 위채로 움직여야 하는데, 위채를 바라보며 무심코 비탈길을 오르다 보면 비탈길 중앙에서 커다란 인공 호수를 만나게 된다. 그러면 다시 처음 출발한 곳으로 되돌아와 정원의 왼쪽 또는 오른쪽 계단으로 돌아가야 한다. 돌아가는 지점에는 이집트의 스핑크스 여인상이 신비스런 모습으로 자리 잡고 있다. 거기를 지나 마침내 위채에 도달해서 안으로 들어가면 방문객은 조금 실망할 수도 있다. 왜냐하면 실내 공간이 어두워 답답하기 때문이다. 또 천정을 받치고 있는 헤라클레스 조각 기둥 네 개가 힘들고 고통스러워 보인다. 계단을 통해 2층으로 올라가면 이제야 내부 공간이 환하다. 남쪽으로 드넓게 펼쳐진 평원이 보인다. 왕궁을 설계한 힐데브란트는 권력자를 만나러 가는 길이 천로역정의 순례의 길처럼 힘들다는 것을 느끼게 하려고 미로처럼 설계한 것은 아닐까?

이 왕궁의 주인은, 오스만 투르크 전쟁을 승리로 이끈 오이겐 왕자였다. 그의 모습은 신왕궁(Neue Hofburg) 앞의 영웅광장에 가면 오늘날도 만나볼 수 있다. 앞발을 치켜 든 말을 타고 있는 그의 모습은 오스트리아의 드높은 기상과 영광을 말해 준다. 그러나 그는 사실 프랑스 태생이었다. 그는 유럽의 기독교 세계를 이슬람 세계로부터 지키기 위해 이곳에 온 것이다. 중세 이후 다민족 도시가 된 빈은 출신에 개의치 않고 오이겐 왕자를 영웅으로 대접했다. 빈은 모든 세계인들에게 열린 도시였다. 다만 각 개인은 바로크식 건물처럼 중앙의 통일성 원칙에 따라야 했다. 개별자들은 제 자리에서 나름대로 개성을 발휘해도 되지만, 언제나 전체 속에 배치되어 리듬을 타야 했다. 빈 사람들은 이 원칙을 다음과 같이 부른다. "살아라! 그리고 살게 하라!(leben, und leben lassen!)" 이 원칙을 무시하는 사람은 이 도시에서 추방될 것이다.

성삼위 탑과 칼스 교회: "흑사병을 물리쳐 주신 신께 바칩니다!"

빈 시내 그라벤에는 성삼위 탑(die Heilige Dreifaltigkeit)이 서 있다. 이 탑은 흑사병과 관련이 있다. 1541년도에 발생한 흑사병은 빈 인구의 3분의 1의 목숨을 빼앗아갔다. 1679년에도 흑사병이 창궐해 1만 2000명이 목숨을 잃었다. 아마도 빈을 찾아 온 상인들 중 한 사람이 바이러스를 묻혀 왔을 것이다. 빈은 도시 입구에 검역소를 설치했고 공동묘지를 만들었으며, 수많은 사람들이 빈을 떠나 이웃 도시로 이주했다.

흑사병은 수많은 유언비어와 전설들을 낳았다. 술주정뱅이 음유시인 아우구스틴은 어느날 플라이쉬마르크트Fleischmarkt 광장 구석에 흑사병으로 죽은 사람들을 집단으로 묻어 놓은 구덩이에 빠졌다고 한다. 그곳에는 이미 시체들이 널려 있었다. 그는 술에 잔뜩 취해 있었기 때문에 자신이 그곳에 빠진지도 모른 채 그 다음날 아침까지 시체 사이에서 잠을 잤다. 그런데도 그는 병에 걸리지 않았다고 한다. 오늘날 유치원생들이 즐겨 부르는 동요 「동무들아」의 원곡 「리버 아우구스틴 *lieber Augustin*」은 이 일화에서 생겨났다. 그의 기념상은 빈 7구의 '아우구스틴 분수'에 있다. 세바스찬Sebastian, 로쿠스Rochus, 로잘리아Rosalia 등을 흑사병을 막아 주는 수호신으로 숭상했다. 사람들은 이들의 동상과 성삼위 탑을 거리 곳곳에 세웠다.

1667년에 세운 암호프 광장의 마리아 탑도 이때 세운 탑 중 하나다. 탑 아래는 짐승 네 마리가 에워싸고 있는데, 뱀, 용, 바질리스크 도마뱀, 그리고 사자이다. 네 종류의 동물들은 각각 흑사병, 전쟁, 기근 그리고 이교異敎를 상징한다. 우리나라 절의 사천왕처럼, 천사 네 명이 그들을 발로 밟아 제압하고 있는 형상이다. 여기서 이교는 당시 사람들에게 오스만 투르크인들의 모슬렘뿐 아니라 빈에 살고 있는 유대교를 떠올리게 했다. 그들은 유태인들이 흑사병을 가져왔다고 믿었다. 유태인이 시내에 있는 공동 우물에 흑사병으로 죽은 사람을 집어넣었다는 등 근거 없는 유언비어가 빠르게 퍼져 나갔다. 수많은 유태인들은 공개 처형되거나 도시 밖으로 추방당했다. 결과적으로 흑사병은 왕가를 중심으로 결속력을 강화했으며, 수많은 성지 순례, 십자가, 탑, 수난극, 수난 행렬 등 전염병과 관련된 새로운 민속들을 만들어 냈다.

시내 한복판 그라벤에 있는 성삼위 탑은 원래 그 자리에 있던 목탑 '페스트 탑(Pestsäule)'을 레오폴트 1세가 헐고 재건축한 것이다. 빈을 다시 침공한 터키 군대가 1692년에 퇴각한 것을 기념해서 왕은 신에게 감사하는 마음으로 이 탑을 세웠다. 천사와 성자가 험상궂은 마녀를 제압하는 모양의 탑은 기둥 세 개로 시작되는데, 이는 성삼위 일체에 대한 합스부르크 왕가의 믿음을 상징한다. 탑 전체는 용트림하며 솟구치는 모습인데, 아폴론적 세계의 심연에 숨은 고통스런 디오니소스적 세계를 느끼게 해준다. 왜냐하면 기하학적 직선으로 확정하기 어렵고 죽음의 고통으로 몸부림치는 듯하기 때문이다.

오랫동안 계속된 전염병과 전쟁은 합스부르크의 절대왕정 권력을 강화했을 뿐만 아니라 빈 시민들에게 삶의 허무를 가르쳐 주었다. '메멘토 모리memento mori(죽음을 기억하라)!' 그러나 인생무상의 감정은 다른 한편으로 이 짧은 인생에 대해 그만큼 더 많이 애착을 갖게 만들었다. '카르페 디엠carpe diem(살아 있는 날을 즐겨라)!' 이처럼 상충하는 두 화두話頭는 오늘날까지도 빈 사람들의 정서를 지배한다. 왈츠의 경쾌한 리듬 속에는 데카당스한 감정이 함께 흐르고 있는 것이다.

오늘날 칼스플라츠에 있는 '칼스 교회'도 1713년 전염병이 진정된 뒤에 황제 카를 6세가 신에게 감사하는 마음으로 축성한 서원 교회다. 1739년에 완공된 이 교회의 정문에는 원주 기둥이 두 개 서 있는데, 거기에 황제의 초상 대신 밀라노의 반종교개혁 성자 보로메오Borromeo의 초상이 새겨져 있는 것은 아마도 로마의 간섭 때문이었을 것이다. 교회 이름도 처음에는 보로메오 교회로 정해졌다. 그러나 교회가 빈 왕궁과 여름 왕궁 '테레지아눔Theresianum' 사이에 세워져 로마 쪽보다는 빈 왕궁 쪽을 바라보고 있어 은연중에 로마에 대한 합스부르크의 저항 의식을 보여준다. 게다가 정문의 두 기둥 위에는 합스부르크의 상징인 독수리가 사방에서 왕관을 지키고 있는 형상을 하고 있다.[10]

예술사학자 뵐플린Heinrich Wölfflin에 따르면, 이 교회도 알레고리로 지었다고 한다. 왜냐하면 보는 사람이 교회의 형태를 대번에 파악할 수 없기 때문이다. 또한 칼스플라츠 광장의 커다란 분수도 건물 모습을 일목요연하게 볼 수 없게 방해한다. 커다란 원주 기둥 두 개가 교회 본체의 모습을 조금씩 가리며, 교회를 바라보는 각도에 따라 교회의 모습이 계속 변한다. 흑사병과 전쟁으로 죽음을 체험한 세대에게 세계는 인간의 이성으로 포착할 수 없는 불가해한 것임을 나타내 주고 있는 것이다.

거대한 전체 앞에서 개인은 의미가 없다. 중앙의 커다란 궁륭 지붕은 전체 세계를 통합한다. 고대 그리스 신전 모습의 정문, 로마 르네상스 양식의 좌우 측랑側廊, 그 측랑을 덮은 중국식 정자 모양의 지붕, 역시 중국 정원식의 강론단 천개天蓋, 그리고 로마 포룸의 트라얀Trajan 교회의 원주 기둥 내지는 이슬람의 타지마할 묘의 석탑을 떠올리게 하는 정문 앞 원주 기둥 두 개 등, 모든 개체들이 전체에 통합되어 있다. 전체 질서는 신의 예정조화론적 세계 질서이며, 합스부르크 제국의 수도 빈이 그 중심에 서 있음을 의미한다.

쇤브룬 궁전: "너희는 전쟁하라, 우리는 결혼하리라!"

18세기에 접어들면서 빈은 프랑스 계몽주의의 영향을 받아 국가를 현대화하기 시작했다. 계몽군주로서 1740년부터 1780년까지 40년간 재위한 마리아 테레지아 여왕은 그 중심에 서 있었다. 여왕은 교회의 특권과 귀족의 병역 특례 폐지, 고문과 농노제 폐지, 의무교육 실시 등으로 국가 권력을 강화했다. 그리고 외교도 게을리 하지 않았는데, 왕자 16명과 공주들을 낳아 유럽 각국의 황실로 출가시키는 결혼 정책을 펼쳐 오스트리아의 국력을 튼튼히 했다. 우리에게 잘 알려진 마리 앙투아네트도 여왕의 막내딸이다. 하지만 마리 앙투아네트는 프랑스의 국왕 루이 16세와 함께 단두대의 제물로 사라지는 비운을 맞았다. "나는 언제나 임신하고 있으리라"가 마리아 테레지아의 국가적 신념이었다. 여왕은 평화적 결혼 정책을 통해 합스부르크 제국의 영토를 폴란드 남부, 스페인, 이탈리아 북부, 그리고 유고슬라비아까지 확장할 수 있었다.

황실의 결혼 정책은 그 전통이 중세까지 거슬러 올라갈 만큼 오랜 역사를 가지고 있었다. '중세의 마지막 기사'라는 별명을 가진 막시밀리안 1세는 1477년 부르고뉴의 공주 마리와 결혼함으로써 이탈리아 북부와 프랑스 동부 그리고 네덜란드 지역을 상속받을 수 있었다. 그리고 그는 아들 필리프 왕자를 스페인의 공주 요한나와 결혼시킴으로써 스페인과 남아메리카의 식민지들을 상속받았다. 그는 마지막으로 손자 페르디난트를 보헤미아와 헝가리의 안나 공주와 결혼시킴으로써 이 지역마저도 상속받을 수 있었다. 이리하여 합스부르크 왕가는 중부 유럽 대부분의 땅을 차지했으며, 전 세계에 걸쳐 '해가 지지 않는' 광활한 제국을 건설했다.

합스부르크 제국의 영광스런 모습은 오늘날 예술사 박물관[11]과 왕궁 박물관[12] 그리고 알베르티나 미술관 등 빈 도심의 수많은 박물관에서 볼 수 있다. 프랑스 부르봉 왕조와 영국의 빅토리아 왕조 못지않은 엄청난 분량의 예술품들은 그 당시 제국의 위세를 실감나게 해준다.

빈 서부의 아름다운 쇤브룬 궁전도 합스부르크 제국의 위엄을 느끼게 해준다.[13] 이 왕궁은 마리아 테레지아 여왕의 여름궁이었다. 이 궁전은 원래 피셔의 기본 설계도(1692)에 따라 1713년 레오폴트 1세가 세웠는데, 여왕이 로코코 양식으로 다시 세웠다. 궁정 맞은편에 서 있는 '영광의 문'은 여왕이 1765년도에 고전주의 초기 양식으로 세운 것이며, 위용을 과시하면서도 궁전을 남쪽에서 아늑하게 감싸는 듯한 느낌을 준다. 오스트리아식 바로크는 세계로 향해 진출하려는 프랑스식 바로크와는 달리 여왕의 모성애가 느껴지는 로코코적 분위기를 풍긴다. '영광의 문' 바로 아래에 있는 '로마의 폐허'는 인공으로 만든 것으로서 현재의 영광이 곧 폐허로 변할 것이라는 것을 시사한다. 오스트리아 특유의 삶(카르페 디엠)과 죽음(메멘토 모리)에 대한 이원성 사유가 여기에도 반영되어 있는 것이다. 1762년에 빈에서 초연된 글룩C.W. Gluck의 오페라 「오르페와 유리디스」

에서도 우리는 죽음을 사랑으로 극복하려는 애절한 열망을 느낄 수 있다.

쇤브룬 궁 정원의 수많은 아름다운 조각상들은 인간에게 교훈을 주는 각종 알레고리로 되어 있다. 외벽의 옅은 황색 칠은 마리아 테레지아 여왕이 좋아한 색깔이라는 설도 있으나 사실은 여왕이 사망하고 난 뒤인 1817년 아만J. Aman이 당시의 고전주의 취향에 따라 칠한 것이다. 이 단일한 색은 건물 전체에 통일성을 부여해 준다. 이 황색은 이후 오스트리아의 우체국과 철도 역사 그리고 교회에도 많이 사용되어 일명 '쇤브룬 황색'이라고 부른다.

빈 고전파 음악

빈에 가면 어디선가 음악 소리가 들려오는 듯한 느낌을 받는다. 실제로 전 세계의 많은 젊은이들이 고전 음악을 배우기 위해서 빈에 온다. 현대의 클래식 음악 형식은 18세기 말부터 19세기 초 사이에 하이든, 모차르트, 베토벤, 그리고 브람스와 말러를 통해 빈에서 완성되었으며, 오늘날도 빈은 세계의 음악 도시로 통한다. 따라서 빈에서 성공한 음악가는 전 세계 음악계에서 인정받을 수 있다. 빈 클래식 음악은 독일, 프랑스, 이탈리아의 여러 형식을 종합한, 우아한 선율과 화음을 특징으로 한다.

그렇다면 빈에서 수준 높은 음악이 완성될 수 있는 까닭은 무엇일까? 바로 천재 음악가를 적극 후원하는 교양 귀족들이 있었기 때문이다. 이들은 음악에 조예가 깊고 예술가들을 후원함으로써 노블레스 오블리주의 모범을 보여주었다.

'음악의 아버지'로 통하는 하이든은 오직 헝가리 귀족 에스테르하지 공작만을 위해서 작곡했으며, 그의 궁정 전속 음악가로서 생계 걱정 없이 마음껏 창작에 전념할 수 있었다. 1761년 29세의 젊은 하이든은 모르친 백작의 소개를 받아 에스테르하지 공작의 궁정 전속 부악장으로 일하기로 계약을 맺고 아이젠슈타트로 갔으며, 처음에는 3년 계약을 했으나 그 후 계약이 계속 연장되어 1809년 사망할 때까지 무려 48년 동안이나 공작 곁에서 일했다. 부인의 편지 기록에 따르면, 하이든은 돈을 많이 벌었으며 장인에게 융자받은 '400굴덴'의 돈을 보태 별채, 마구간, 토지 등이 딸린 큰 집을 샀다. 두 차례나 불이 나서 집이 전소되는 일을 겪었으며, 다시 집을 짓기 위해 담을 쌓는 과정에서 이웃과 충돌이 일어나 법정 소송까지 갔다고 한다. 오늘날 '오스트리아 문화박물관'으로 사용되는 집도 하이든 소유의 집 중 하나였다.

하이든은 '음악의 아버지'답게 아름다운 바로크 곡들을 많이 남겼다. 하이든이 작곡한 곡들은 같은 모티프가 정형적으로 반복되어 오늘날 다소 지루하게 느껴지지만, 당시로서는 「놀람」 교향곡처럼 위트와 유머가 넘치는 전위예술로 통했다. 청중들이 그의 음악을 제대로 이해하지 못하고 꾸벅꾸벅 조는 것을 못마땅하게 여긴 하이든은 연주 중간 부분에 강한 포르

테를 넣어 청중들을 깜짝 놀라게 했다. 하이든이 이렇게 새로운 감각의 전위적 작품을 창조해 새로운 시대를 열 수 있었던 것은 에스테르하지 공작이 그의 작품은 무엇이든지 마음에 들어 했기 때문이다.

한 번은 이런 일도 있었다고 한다. 공작이 음악축제 연주를 위해 음악가들을 초대했다. 그런데 계약한 날이 지나서도 휴가를 보내주지 않자 하이든은 음악가들의 마음을 공작에게 전하기 위해 기발한 곡을 작곡했다. 이것이 바로 「고별」 교향곡이다. 마지막 악장에서 연주자들은 하나 둘씩 자신의 연주가 끝나면 무대의 촛불을 하나씩 끄고 퇴장한다. 그래서 마지막에는 무대에 아무도 안 남게 된다. 공작은 연주를 듣고 그들의 마음을 이해했다고 한다. 지금도 이 곡의 연주는 똑같이 재현되고 있다.

하이든의 음악을 직접 듣고 싶다면 '하이든 축제' 기간 중에 아이젠슈타트의 에스테르하지 궁을 방문하면 된다. 그곳에서는 4월부터 10월까지 하이든의 '피아노 소나타' '피아노 트리오' 시리즈 공연을 비롯해 수많은 연주회가 열린다. 하지만 100편가량의 교향곡을 비롯해 수많은 하이든의 작품들은 오늘날까지도 대중들에게 거의 알려져 있지 않다. 그 독특한 음악은, 새롭게 해석해서 우리에게 들려줄 연주자들을 기다린다.

음악의 천재 모차르트는 1781년 25세에 빈으로 왔다. 그는 어릴 적에도 아버지와 함께 빈에 온 적이 있었지만, 이번에는 음악가로 성공하기로 작정하고 뮌헨에서 고급 마차를 전세 내서 호화판 가재도구들을 싣고 왔다. 이 당시 빈에는 왕족을 비롯해 제후 10여 명과 백작 60명이 살고 있었다. 모차르트는 이들에게 희망을 걸었다. 게다가 모차르트는 불어, 라틴어 등 외국어 구사 능력을 겸비하고 있었으므로 상류사회에 진입할 수 있는 가능성이 아주 컸다. 기대했던 대로 그는 빈의 상류층 귀족 대부분과 사교 관계를 맺는 데 성공했다. 또한 당시 21만 명이나 되는 일반 시민들을 위해서 직접 음악회를 기획하고 거리에서 프로그램을 홍보하는 등, 오늘날 표현으로 하자면 CEO 음악가로 맹활약했다. 게다가, 하이든은 그 어떤 악기도 제대로 다룰 줄 모르는 직업 작곡가였지만, 모차르트는 피아노를 아주 잘 연주해서 인기가 대단했다.

그러나 모차르트는 평생 경제적 곤궁에서 헤어나지 못했다. 씀씀이가 헤퍼서 돈을 벌면 카드놀이나 당구, 볼링 따위에 내기 시합을 해 탕진했다. 모차르트는 아마 음식도 최고급 요리를 즐겼을 것이다. 당시의 기록에 따르면, 빈 사람들은 이미 미르푸아(고기와 야채 소스)를 끼얹어 푹 삶은 산토끼 고기 요리와 포도주 그리고 과일을 먹었으며, 와인을 쳐서 익힌 메추라기에 민트와 레몬을 살짝 문지른 요리도 즐겼다고 한다. 그의 부인 콘스탄체는 모차르트가 돈을 관리하는 재능이 없다고 한탄했다. 따라서 그의 가족은 빈에서 14번이나 전셋집을 옮겨 다녀야 했다. 오늘날 그중에 유일하게 한 채가 돔가세Domgasse 5번지[14])에 남아 있으며, 초라하지만 '피가로 하우스'라는 이름을 붙여 일반인들에게 공개하고 있다.

한편, 1782년에 모차르트가 부친의 반대를 무릅쓰고 결혼한 콘스탄체는 어떤 여자일까? 모차르트의 부친이 콘스탄체를 "화냥년"이라고 욕한 편지가 남아 있는 것으로 보아 평민 출신이었던 것 같다. 하지만 모차르트가 빈을 떠나 프랑크푸르트, 뮌헨, 만하임 등으로 연주 여행을 다니며 그녀에게 보낸 편지들에는 그녀에 대한 모차르트의 순수한 사랑이 잘 나타나 있다. 예를 들면, 귀여운 아내 콘스탄체가 곤히 잠을 자다가 그의 편지를 읽느라 잠에서 깰까 봐 "쉿! 쉿! 쉿!" 하는 의성어가 문장 중간 중간에 섞여 있다.15)

모차르트는 약 769편이나 되는 수많은 작품을 남겼으며, 하나같이 빼어나게 아름다운 명곡들이다. 이 곡들을 남기고 모차르트는 1791년 겨울 라우엔슈타인가세Rauhensteingasse 8번지의 집에서 35세의 젊은 나이로 사망했다. 그의 시신은 잠시 슈테판 대성당에 들렀다가 북쪽 '상트 마르크 공동묘지'에 매장되었다. 물론 그의 시신이 매장된 정확한 지점은 오늘날 찾을 길이 없다. 현재 빈 남쪽 중앙묘지의 묘는 거기서 임의로 뼈 몇 개를 발굴해 이장해 만든 가묘다. 그의 묘석 아래서 어린 천사가 이마에 손을 짚고 있는 형상은 영원한 미성년자 모차르트가 뒤늦게 철이 들어 무언가를 후회하는 듯한 모습이다.

모차르트의 장례식은 부인과 친척들이 아무도 참석하지 않고 단지 일꾼 두 사람만이 자리를 지킬 정도로 아주 초라했다. 당시 모차르트의 장례식이 그다지 이상한 광경은 아니었다. 계몽 군주 요제프 2세는 가난한 사람들을 위해 저렴한 비용으로 장례를 치를 수 있는 '가정의례준칙'을 만들었는데, 이에 따르면 개인묘 대신 집단묘를 사용해야 하고, 관은 해가 진 다음에 묘지로 운구해야 하며, 시신을 담는 관조차도 한쪽이 자동으로 열리게 되어 있어 재활용하도록 되어 있었다. 또한 집단 묘는 8년마다 모두 개장해 새로운 시신을 묻을 수 있도록 말끔히 치워야 했다. 그런데 왜 모차르트의 장례식에서 아무도 참석하지 않았을까? 아마도 당시 사람들이 전염병을 두려워했기 때문일 것이다. 또한 그의 아내가 참석하지 못한 이유는 아마도 너무 슬퍼서 실신했기 때문일 것이다.[16]

영화 「아마데우스」를 보면 모차르트가 마지막 레퀴엠을 작곡하느라 너무 지쳐서 사망하는 것으로 되어 있는데, 이것은 사실과 다르다. 모차르트가 사망했을 때 그의 방에는 레퀴엠 말고도 미완성 원고가 100여 편이나 남아 있었다. 모차르트는 천재였지만 음악을 정확히 계산해서 작곡하지 않았다는 것을 보여주는 좋은 증거다. 엇박자, 모티브의 순환 운동, 거듭된 문제 제기 방식은 모차르트가 아주 풍부한 감정을 갖고 있을 뿐만 아니라 논리적 사고를 했음을 말해 준다. 모차르트는 화음이나 오케스트레이션 따위만 공식적 관례에 따라 신속히 첨가했다.[17] 그러므로 모차르트의 곡은 동시대인들에게 아주 난해한 것으로 여겨져 곧 잊혀졌다. 나중에 슈만이 뒤늦게 그의 음악의 "경쾌, 우아, 매력"을 제대로 알아보았고, 모차르트 음악은 다시 햇빛을 보게 되었다.

모차르트 시대의 음악, 특히 오페라의 발전 과정은 빈 왕정의 봉건 지배 체제에 저항하는 시민계급의 자의식이 어떻게 성장했는지 엿보게 해준다. 그의 초기 오페라 「이도메네오」(1781)가 잔혹한 신화적 내용으로 황제 취향에 맞춘 것이었다면, 「돈 지오반니」 「피가로의 결혼」은 귀족들의 위선을 비꼬는 것이었고, 독일어 오페라 「마술피리」(1791)는 사랑과 우정 그리고 예술의 소중함을 전면에 내세움으로써 계몽주의 시민계급의 높아진 도덕과 정치 참여 의식을 과시했다.

시민계급의 자의식 성장은 베토벤의 음악에서 절정을 이룬다. 1805년 '안데어 빈 극장'에서 초연된 베토벤의 오페라 「피델리오」는 직접 정치적 주제를 다룬다. 주인공 피델리오는 여자의 몸이지만, 장관의 폭정에 저항하다 지하 감옥에 갇힌 남편을 용감하게 구출한다.

베토벤이 작곡한 교향곡 9편은 형식 자체가 교양 시민계급의 자율성 요구를 반영하는 완결된 형식미를 갖추고 있다. 하나의 교향곡은 각 악장 간의 관계 속에서, 그리고 하나의 작품은 그의 9편의 작품들 속에서 개별적 의미가 확정된다. 예술은 더 이상 귀족의 무도회나 결혼식을 위한 일회성 소모품이 아니라, 시민의 인격처럼 그 자체로 헤겔의 정반합 원리에 따라 완결된 유기체이며 영원한 것이다. 1824년 빈의 '케른트너토어' 극장에서 베토벤 자신이 직접 지휘한 제9번 「합창」 교향곡은 인간의 고뇌를 승리로 이끄는 그의 열정을 보여줌으로써 장차 시민계급의 승리를 예고했다.

'빈 회의' 이후의 빈

비더마이어 시대

유럽에서 바로크 절대왕정 국가들은 프랑스 혁명과 더불어 위기를 맞았고, 오스만 투르크 전쟁 이후 100년 동안 태평성대를 구가하던 빈의 황실 역시 위기감을 느껴 내부적으로 국가의 결속을 다졌다. 그러나 자유를 향한 세계 역사 발전의 거센 물결은 나폴레옹 군대와 더불어 독일은 물론 오스트리아 빈으로도 흘러들어 왔다. 빈 시민들은 1805년 빈에 입성한 나폴레옹 군대를 열렬히 환호했다. 나폴레옹은 빈 시민들에게 감사의 표시로 관용을 베풀었으며, 쇤브룬 궁에 몇 달간 머물다가 곧 퇴각했다.[18] 그는 빈 시민들에 대한 존경심의 표시로 무기고까지 그대로 남겨 두고 떠났다. 그러나 보수주의 합스부르크 황실은 나폴레옹에게 신사도와 자유가 무엇인지를 배우지 못했으며, 봉건 국가를 재건하는 데만 집착했다.

그 중심에는 오스트리아 수상 메테르니히가 있었다. 그는 1815년 '빈 회의'에서 각국 대표들이 자국의 이익만을 내세우는 것을 지켜보고 환멸을 느꼈으며, 역시 인간의 욕심을 자제시켜야 한다고 생각했다. 자신의 국민들에 대해서도 마찬가지였다. 메테르니히는 국민의 권리를 제한했으며, 빈을 검열과 통제의 경찰국가로 만들었다. 역사가들은 이 시기를 비더마이어Biedermeier('우둔하고 고루한 사람'이라는 뜻) 시대라고 부른다. 이 복고 시대는 1848년 시민혁명이 일어날 때까지 계속 이어졌다.

비더마이어 시대는 정치적으로는 부자유스러웠지만, 정치 안정과 경제 발전에 힘입어 시민 문화가 눈부시게 발달한 시대였다. 사람들은 귀족의 사치스런 궁정 문화 생활을 흉내 냈다. 이 시대의 귀족적 분위기를 느껴 보고 싶다면 빈에서 남쪽으로 약 25km 떨어진 곳에 있는 락센부르크 궁전으로 가보면 된다.[19] 교통이 좀 불편해서 일반인들에게 잘 알려져 있지 않지만, 빈 회의 때 각국의 정상들이 연회를 즐긴 아름다운 궁전이다. 내실마다 잔뜩 걸려 있는 합스부르크 왕가의 초상화들은 이 궁전이 이미 13세기부터 있었음을 말해 주며, 시골집처럼 아늑한 느낌을 준다. 넓은 정원의 한 구석에는 '유곽遊廓(Lusthaus)'이 남아 있다. 각국 정상들은 이곳에서 몇 달씩 머물며 맥주와 포도주 그리고 바비큐 파티를 즐겼다. 나폴레옹 군대의 거센 자유화 폭풍 앞에서 풍전등화와도 같은 불안한 날들은 가고, 이제 승자가 되어 들뜬 기분으로 말이다.

웰빙 문화: 왈츠와 포도주

나폴레옹 전쟁 이후 소수의 지식인들은 현실 정치에서 환멸과 소외감을 느끼고 염세주의에 빠졌지만, 대부분의 시민들은 귀족을 흉내 내며 일신의 행복을 추구했다. 요즘 말로 하자면, 웰빙 문화에 관심을 가지게 된 것이다. 그래서 19세기 초 빈은 왈츠와 축제의 시대라는 특징을 갖는다.

왈츠는 남녀 간에 신체 접촉이 많은 춤이므로 초창기에는 저속한 춤으로 여겨졌으나, 빈 회의 때 정치 지도자들이 왈츠를 즐기면서부터 고급 사교춤으로 인식되기 시작했다. 사람들은 왈츠에 열광했으며 집집마다 빚을 내어 무도회를 열었다. 그 결과, 파산하는 집도 많았다. 오늘날 빈에서 왈츠를 배우고 싶으면 '시립공원'에 가면 된다. 이곳에서는 저녁마다 야외 음악회가 열린다. 젊은 남녀 한 쌍이 왈츠 시범을 보이고, 뒤이어 손님들도 쌍쌍이 춤을 출 수 있다. 우리는 이 춤을 '절름발이 왈츠'라고도 부르는데, 3/4박자의 리듬에 당김음이 있어 '으짜-짜 으짜-짜' 하는 식으로 연주되기 때문이다.

「아름답고 푸른 도나우 강」으로 유명한 '왈츠의 왕' 요한 슈트라우스는 칼스플라츠 남쪽, 제4구 비덴Wieden의 요한슈트라우스가세Johann-Straussgasse 4번지에 살았다. 그의 할아버지는 유태인이었고 그와 같이 작업한 오페레타들의 대본 작가도 레온, 슈니츨러 등 유태인들이어서, 나치 정권은 그 사실을 알고 난 뒤 곤혹스러워 그의 혈통을 위조하기도 했다.

빈은 음악의 도시답게 골목골목마다 음악가들이 살지 않았던 곳이 없을 정도다. 음악가들의 거처였음을 표시하는 문화재 표시 팻말과 그 위에 교차된 오스트리아 국기들을 만날 수 있다. 그중에서도 특히 비덴 구역에서 유난히 음악가들이 살았다는 안내 표지판을 많이 볼 수 있다. 그 까닭은 아마도 근처 가까운 곳에 오페라하우스, 음악협회, 빈 극장 등이 모여 있어 그들이 음악 활동을 하기 좋았기 때문일 것이다.

비드너 하우프트슈트라세Wiednerhauptstrasse 7번지에는 드보르작(1841~1904)이 살았던 집이 있고, 길모퉁이를 돌아가면 나오는 칼스가세Karlsgasse 4번지에는 브람스(1833~1897)가 살았던 집이 나온다. 브람스는 빈의 전원풍 분위기를 좋아했다고 한다. 「사계」로 유명한 비발디(1678~1741)는 이탈리아 사람이었지만 이 지역에 와서 살며 여생을 보냈다. 드라마 오페라를 완성한 글룩(1714~1787)도 비드너 하우프트슈트라세 32번지에 살았으며, 그 이외에도 리햐르트 슈트라우스, 요한 슈트라우스, 슈베르트, 시벨리우스의 집도 인근에 모여 있다.

오늘날 빈 도심은 유럽의 여느 대도시와 마찬가지로 관광객으로 붐빈다. 그 번잡한 도시를 떠나 빈의 전통 문화를 체험하고 싶다면 하루 정도 날을 잡아 빈 근교의 조용한 작은 도시들로 여행을 떠날 것을 권한다. 히칭Hietzing, 그린칭Grinzing, 바덴Baden[20], 멜크Melk[21], 아이젠슈타트Eisentadt[22], 비너 노이슈타트Wiener Neustadt[23] 등 빈 근교 도시들에는 비더마이어 시대의 촌락 모습이 그대로 남아 있다.

빈 근교의 비더마이어 웰빙 도시

히칭

빈 서쪽에 빈 8구 히칭이 있다. 우리나라의 신도시인 일산이나 분당의 고급 주택가에 해당하는 곳이다. 네스트로이의 희극 「빈 시내에 셋집이 있습니다, 성문 앞 셋집은 비워야 하고, 히칭에 정원 딸린 셋집이 비어 있습니다」(1837)를 보면, 대식구를 거느린 구두쇠 군델후버 씨가 집을 알아보려고 승합마차 한 대를 빌려 타고 이곳으로 온다. '세 대를 빌려야' 적당한 그 모든 식구가 마차 한 대에 잔뜩 타고 오느라 걸린 시간은 '105분'으로 되어 있다. 지금은 시내에서 지하철 U4를 타고 15분 정도 가서 히칭 역에서 내리면 된다. 여기서 시가 전철 60번으로 갈아타고 종점 야크트슐로스가세Jagdschloßgasse까지 가는 길 양 옆으로 최고급 빌라들이 줄지어 서 있는 것을 볼 수 있다.

비더마이어 시대의 운치 있는 빌라인 20세기 초 아돌프 로스가 설계한 '청년 양식' 빌라들이 있으며, 클림트의 아틀리에도 이곳에 있다. 종점에서 윗길 오른쪽으로 계속 걸어가 보면 기능미를 살린 연립주택(Werkbundsiedlung)을 만나게 되는데, 이것은 1932년 사회주의 정부가 로스, 요세프 호프만 등에게 공동 설계를 의뢰해 세운 것이다. 과천 현대미술관처럼 생겼으며, 그 시대에 지었다고 믿을 수 없을 만큼 현대적이다.

그 모든 아름다운 옛 집들을 구경하고 난 다음, 귀가하는 길에 아무 역에나 내려 포도주 전문 레스토랑에 들어가 저녁식사를 하면 진짜 비더마이어 시대로 온 것 같은 느낌이 들 것이다. 유리창 밖으로 가끔씩 지나가는 차들이 보인다. 이 지역은 특히 겨울철 눈이 왔을 때 오면 좋다. 가로등 조명 아래 눈 내린 조용한 마을 풍경은 너무 환상적이다.

그린칭

빈 대학교 앞 쇼텐토어Schottentor에서 시가 전철 38번을 타고 종점까지 가면 그린칭이란 마을이 나온다. 이곳에는 한국에서 온 관광객들을 위해 직접 아리랑을 바이올린으로 연주해주는 전문 포도주점들이 즐비하다. 마을 전체가 문화재 보호 구역으로 지정되어 있어 비더마이어 시대 마을처럼 평화롭다. 베토벤이 살았던 집마다 빈 관광성 당국의 팻말이 붙어 있으며, 그가 즐겨 찾았다는 분수대 옆 카페에서는 "빈, 빈, 너만이 영원히 내 꿈의 도시로 머물러 있으리라"라는 오페레타 노래가 들려오는 듯하다. 세계화 시대를 아는지 모르는지, '숲 속의 잠자는 공주' 같은 마을이다. 어디선가 오스트리아 농촌의 전통 복장인 '디언들Dirndl'을 입은 합스부르크의 부지런한 '처녀Mädl'가 '마차Fiaker'를 타고 지금이라도 나타날 것 같은 곳이다.

멜크

도나우 강을 따라 상류로 거슬러 올라가면 멜크가 나온다. 왕궁과 도서관 그리고 교회가 하나의 권력으로 통일된 거대한 수도원이 절벽 위에서 도나우 강을 내려다보고 있다. 이곳으로 가는 도중에는 붉은 벽돌 천정의 고딕식 지하실에 포도주를 파는 술집이 하나 있는데, 지하실이라고 믿을 수 없을 만큼 무척 넓고 환하다. 중세를 체험하고 싶다면 한번 방문해 봄직하다.

중세 때에는 사람들이 음식을 먹을 때 외부의 침입자가 두려워 문을 모두 걸어 잠그고 먹었으며, '새끼 돼지Ferkel'를 통째로 구워 손으로 뜯어 먹었다고 한다. 그리고 분명히 포도주도 곁들여 먹었을 것이다. 영웅서사시 「니벨룽엔의 노래」에 보면, 독일의 보름스에서 도나우 강변을 따라 내려와 훈족의 나라로 가던 크림힐트 일행을 이 지역의 주민들이 나와서 환영하는 장면이 있다.

> 안장을 얹은 말들이 성 앞으로 와 대기하고 있었습니다.
> 이제 고귀한 여왕(크림힐트)은 뤼디거의 부인과 그 딸에게 작별을 고했답니다. 많은 아름다운 처녀들도 서로 인사를 하고 헤어졌지요.

그런데 그들은 서로 그 후로는 전혀 만나지 못했답니다. 묄크(멜크)에서는 사람들이 포도주가 담긴 많은 황금 술잔들을 받쳐 들고 거리로 나왔습니다. 그들은 그곳에서 환영의 인사를 받았던 것입니다.(「니벨룽엔의 노래」, 1328-1329장)

에코의 소설 『장미의 이름』에도 멜크 수도원 이름이 나온다. 그곳 출신의 주인공이 방문하는 북부 이탈리아의 수도원 다락방 도서실은 음습하게 묘사되어 있지만, 지금의 멜크 수도원은 평화롭다. 수도원 서재에는 중세 때의 소중한 필사본들이 보관되어 있다. 아직 대학에서 연구가 활발하지 않았던 중세 때는 저술과 창작 등 모든 문화 활동이 수도원 중심으로 이루어졌다고 한다.

비너 노이슈타트

빈 남부 역에서 기차로 대략 50km 정도 가면 비너 노이슈타트가 나온다. 네스트로이의 희극 「철도 결혼, 또는 빈, 노이슈타트, 브륀」(1844)에 보면, 서로 사촌지간인 페터와 이그나츠가 각자 결혼할 여자들을 소개받아 처음으로 만나기 위해 빈 남부의 노이슈타트와 빈 북부의 브륀으로 가려고 하지만, 실수로 다른 방향의 열차를 탄다. 그리고 나서도 마지막까지 그 사실을 모르는 바람에 파트너를 혼동하는 등 큰 혼란이 벌어진다. 문명과 기술은 발달하지만, 비더마이어 시대의 촌스런 빈 사람들이 시대 변화에 미처 따라가지 못하는 상황을 풍자한 작품이다.

이미 19세기 초기에 빈은 수도권 일대에 철도망을 부설했으며, 19세기 말에 이르면 이탈리아 북부 알프스 돌로미티케 산맥을 꿰뚫는 철도망까지 완공했다. 또한 첨단 리조트와 전기 시설까지 완비함으로써 자본주의 선진 공업국으로 진입했다.

오늘날 비너 노이슈타트에서 가장 볼만한 것은 역시 세계에서 가장 오래 된 '육군사관학교(Militärakademie)'일 것이다. 붉은 벽돌로 높이 쌓은 담장 때문에 요새처럼 보이는 이곳은 18세기 계몽 군주 마리아 테레지아 여왕이 귀족 가문의 자제들을 징집해 훈련시키던 곳이다. 후보생들은 사실상 일종의 볼모였다. 지방 귀족들이 자식들을 이곳에 보내 놓고 반란을 일으킬 수는 없었을 것이다. 그 결과, 마리아 테레지아 여왕은 계몽절대군주의 왕권을 강화할 수 있었다. 이곳의 후보생들은 아마도 일과를 마친 뒤 여유 시간이 있을 때마다 근처 포도주점을 방문해 술을 마시며 훈련의 고단함을 잊었을 것이다.

20세기 초 오스트리아 문학 작품들에는 육군사관학교와 관련된 것이 많다. 릴케는 상트푈튼의 육사를 자퇴했고, 무질의 소설 「후보생 퇴를레스의 혼란*Die Verwirrungen des Zöglings Törless*」(1906)에는 육사의 사춘기 후보생들이 겪는 정신적 성장통이 그려져 있다. 퇴를레스는 영웅심에 젖어 창부를 찾아갔다 온 뒤에 동료들에게 모험담을 자랑한다. 그 술집은 지금 그 어디쯤에 있을까?

바덴

빈 남쪽의 바덴에는 카지노가 있어서 빈 오페라 하우스 건너편에서 무료 셔틀버스를 운행한다. 로마 스타일의 대중목욕탕과 노천 공연장, 르네상스 양식의 저택, 아름다운 공원들이 시내 곳곳에 있다. 츠바이크S. Zweig의 회고록을 보면, 그가 1914년 이곳에서 여름휴가를 즐기다가 청천벽력 같은 1차 세계대전 소식을 들은 곳이기도 하다.

시내에는 2층의 야트막한 시민 가옥들이 연이어 있어 평화롭기만 하다. 밝은 황색의 석회벽에는 이따금씩 민속 의상 차림의 젊은 남녀라든가 꽃, 포도넝쿨 프레스코화가 정겹게 그려져 있고, 창가의 화분에는 자줏빛과 분홍빛 또는 흰빛 베고니아 꽃이 피어 있다.

이따금씩 길거리 쪽으로 돌출된 2층 창문도 만나게 되는데, 이런 곳에는 탁자와 의자가 마련되어 있다. 이런 창을 일명 '스파이Spion'이라고 하는데, 당시 메테르니히 치하에서 길 왼쪽과 오른쪽에서 경찰들이 오는지 망을 보며 정치 비판을 하기 좋았기 때문이라고 한다. 당시 일반 시민들의 정치 활동은 개인 가정의 문학 살롱에 제한되어 있었다.

비더마이어 장식: 단순한 현대 디자인

빈 시민들은 집 안 장식에도 신경을 많이 썼다. 당시에 만든 가구들, 예컨대 장롱이라든가 의자, 탁자 등의 아름다운 목재 수공예 제품들을 빈 시내에 있는 예술사 박물관[24]이나 리히텐슈타인 박물관[25] 그리고 궁정재산보관소[26] 등에서 만나볼 수 있다.

이 가구들을 보면 알 수 있듯이, 유럽 문화사에서 시민 문화로 알려진 비더마이어 문화는 원래 귀족들의 문화였다. 오늘날 알베르티나 미술관으로 새롭게 개장한 빈 왕궁의 남쪽 끝자락에 있는 공주의 방은 좋은 예다.

공주의 방에 들어가 보면, 뉴욕의 초현대식 미술관에나 있을 법한 소파와 탁자를 볼 수 있는 데, 이것들은 1820년대에 카를 대공이 당시의 인테리어 수공업자에게 주문한 가구들이다. 나폴레옹 치하에서 금욕적으로 생활하던 황실은 당시로서는 새로운 감각의 현대 예술 취향을 발달시켰다. 파노프스키가 바로크 예술에서 이미 모더니즘의 싹을 발견했듯이, 이 가구들은 바로크의 복잡한 금빛 천사와 은빛 큐피드 동자 대신 단순한 직선과 평면 디자인을 특징으로 한다. 서재는 간소하며, 둥근 영국식 탁자는 복잡한 왕궁의 공식 행사에서 벗어나 이곳이 황실의 식구들이 담소하는 사생활 공간이라는 것을 말해 준다. 시민계급이 황실의 예술 취향을 흉내 내 인테리어 가구들을 대량 생산하고 소비하기 시작하자, 황실은 다시 장인들의 화려한 신新로코코 예술로 되돌아갔다.

비더마이어 시대의 모더니즘 생활 용품을 하나쯤 소장하고 싶다면 빈 시내의 골동품 상점들을 뒤져 보거나, 또는 국립 오페라 하우스 뒤의 경매 상점 '도로테움Dorotheum'에 가보면 기회를 잡을 수 있다.[27] 이곳에는 합스부르크 왕가의 옛 골동품들, 예컨대 악기, 보석, 가죽 제품, 옛 가구 등 역사의 유물들이 연간 600회의 경매를 통해 거래된다. 유명 작가의 고급 미술품들은 기본적으로 10만 유로(약 1억 5000만 원) 이상에 낙찰된다.

도로테움은 원래 1707년 요제프 1세 때 고리대금업자들로부터 서민들을 보호하기 위해 낮은 이자를 받고 대출해주는 국립 전당포로 설립되었다. 하지만 그 후에는 도박으로 돈을 날린 합스부르크 왕가의 장교들과 파산한 상공인들의 물품을 구매하는 것으로 재미를 보았고, 나치 시대에는 궁지에 몰린 유태인들의 귀중품을 저당 잡아 떼돈을 벌기도 했다. 지금은 클래식 음악회와 현대 감각의 미술품 전람회 등이 열리는 도심 속의 문화 공간으로 자리 잡았으며, 전 세계에 지점들이 있다.

오늘날 빈 사람들의 예술 취향은 크게 두 갈래로 나뉜다. 우선 70세 이상 구세대는 바로크적 종합예술 취향을 가지고 있다. 이를테면 그들 집의 현관에는 고딕식 구닥다리 궤짝과 마리아 형상, 거실에는 온화한 비더마이어 가구, 안방 살롱에는 바로크 옷장, 그리고 구석의 침실은 이케아IKEA의 모던 침대가 있는 식이다. 마루의 장식장 안에는 온갖 은세공 제품, 도자기, 유리 공예품이 진열되어 있으며, 포도주처럼 오래된 연대가 중요하다.

반면에, 40대의 중년 세대는 명품 디자이너 가구를 선호한다. 호프만J. Hoffmann, 바그너O. Wagner, 클림트G. Klimt의 현대 예술을 선호하며, 복제품이라도 상관하지 않는다. 물론 그것도 돈 많은 사람들의 이야기다. 가난한 젊은이들은 제임스 딘 풍의 청바지 한 벌과 낡은 가죽가방 하나면 만족한다. 겨울에는 프라다풍의 검정색 코트 일색이다.

최근에는 시내 콜마르크트Kohlmarkt에서 앤틱 수공예 가구점, 오스트리아의 전통 수제 구두를 파는 슈마커Schuhmacher 점포가 차츰 루이비통과 프라다 명품점으로 바뀌고 있다. 사람들은 '빈의 영혼'이 사라지는 것을 안타까워한다. 그러나 글로벌화하는 추세에도 맥도널드 점포 수는 아직 더 늘어나지 않고 있으며, 스타벅스도 한 곳뿐이다. 전통 카페와 '술집(Beisl)'들이 여전히 선전하고 있다.

행운을 가져다주는 굴뚝청소부

오스트리아 빈의 전통은 '굴뚝청소부(Rauchfangkehrer)'라는 특별한 직업을 통해서도 지속되고 있다. 하이든의 집이 두 번이나 불이 난 것은 당시로서는 특별히 이상한 일이 아니었다. 대부분 목조로 지은 당시 가옥들은 화재에 취약했기 때문이다. 우리나라처럼 온돌방 구조가 아니라 벽난로를 사용하는 가옥 구조였으므로 벽 속의 굴뚝 내벽에 그을음이 앉아 있으면 금세 불이 옮겨 붙었던 것이다. 네스트로이의 희극 「부적」에서 보면, 사람들이 붉은 갈색 머리털의 티투스와 살로메를 싫어

하며 따돌리는 장면이 있는데, 이것은 그 당시에 화재가 얼마나 자주 일어났는지를 잘 보여준다. 사람들은 화재 보험에 들었으며, 집 대문 위에는 성모 마리아 상을 프레스코화로 그려 화마를 막으려 했다.

그래서 생겨난 직업이 굴뚝청소부다. 1727년 독일에서 프리드리히 빌헬름 1세가 정기적으로 굴뚝 청소를 할 것을 의무화하는 조례를 최초로 발표했고 빈도 아마 비더마이어 시대에는 유사한 법안을 만들었을 것이다. 오늘날 빈에 총 91만 채 가량의 주택이 있는데 이 중에 3분의 1 이상은 합스부르크 왕조 시대에 건축된 것이어서 화재의 위험성이 상존한다. 따라서 21세기인 현재에도 굴뚝청소부가 건재한다.

일부 시민들은 건물 유지비 부담이 늘어난다고 굴뚝청소부를 싫어하지만, 대부분의 빈 사람들은 굴뚝청소부를 좋아 한다. 아침에 굴뚝청소부를 거리에서 만나면 그날 행운이 온다고 믿는다. 전통적으로 화재를 막아 주는 좋은 일을 하는 사람이니 그런 생각은 당연할 것이다. 이런 생각을 이용해 비프링 거슈트라세Wipplingerstraße에 있는 로또 판매점은 간판 대신, 굴뚝청소부 조각상을 크게 만들어 걸어 놓았다.

굴뚝청소부의 전통은 오늘날 시내 곳곳에서 찾아볼 수 있다. 시내 바이부르크가세Weihburggasse 4번지에는 '춤 바이센 라우흐팡케러Zum weißen Rauchfangkehrer'라는 레스토랑이 있다. 굴뚝청소부에 대해 더 자세히 알고 싶다면 클라크바움가세Klagbaumgasse 4번지의 굴뚝청소부 박물관을 찾아가 보면 된다.

또한 여성 굴뚝청소부도 있다고 한다.

산업혁명기 런던에서는 어린이가 굴뚝 속에 들어가서 굴뚝청소를 하게 했다고 한다. 어른이 들어가기에는 너무 좁았기 때문이다. 미성년자 노동 착취의 상징으로 자주 거론되는 사례지만, 현재 빈의 굴뚝청소부들은 직업에 대한 자부심이 대단하며 조합에 소속되어 있다. 19세기 말 쇤브룬 궁전에서 청소를 하던 굴뚝청소부가 우연히 합스부르크 왕조에 대한 반역사건을 엿듣고 당국에 고발해 그 계획을 막을 수 있었다는 전설도 전해 내려오고 있다.

빈 카페: 지식인들의 회합 장소

빈 시내에는 오랜 전통을 자랑하는 카페가 유난히 많다. 이미 17세기 말에 유럽에서 베네치아, 런던, 파리 등에 카페가 생겨났고, 빈에서도 1685년 최초로 카페가 문을 열었다. 1683년 빈을 침공한 오스만 투르크인들이 버리고 간 물품들 중에 커피 원두 자루들을 발견했을 때, 빈 사람들은 거기 담긴 푸른 곡식들이 낙타 먹이라고 생각했다. 하지만 콜쉬츠키G.F. Kolschitzky라는 통역사가 그것이 커피 원두라는 것을 알았으며, 왕의 허락을 받아 현재의 돔가세에 빈 최초의 카페를 개업해 커피를 끓여 팔았다고 한다.

그 후 수많은 카페가 빈에 생겨났으며, '비엔나 커피'(커피 반 컵 분량에 뜨거운 우유를 부어 채우고, 우유 거품과 액체 프림을 그 위에

붓고 마지막으로 약간의 카카오 가루를 뿌린 커피)를 비롯해 약 30여 종의 커피가 개발되어 커피가 그야말로 예술로 승화되었다. 1819년도에는 빈의 카페가 150곳으로 늘어났으며, 1910년에는 이미 1202곳이나 되었다.

빈 시민들이 커피를 얼마나 좋아했는지는 19세기 민중극 작품을 보면 알 수 있다. 연극에서 하인은 주인과 노동 계약을 맺으면서 날마다 커피를 마실 수 있게 해달라고 요구한다. 어떤 장면에서는 치커리 뿌리 달인 물을 커피 대용으로 마시기도 한다. 커피를 마시는 것은 높은 신분을 과시하는 표시였던 것이다. 오늘날도 빈의 커피 소비량은 엄청나서 빈 시민 1인당 하루 평균 0.5리터의 커피를 마신다고 한다.

빈 사람들에게 가장 인기 있는 커피 브랜드는 율리우스마이늘Julius Meinl인데, 그것은 원래 1862년에 설립된 커피 수입 회사 사장의 이름을 딴 것이다. 그 초창기 모습은 플라이시마르크트Fleischmarkt 7번지의 외벽에 새겨진 부조 장식을 통해 짐작해 볼 수 있다. 아프리카 산지에서 커피를 재배해서 배로 운송하는데, 그 뒤로 갈매기가 따라 오는 모습이 새겨져 있다.

1815년 빈 복고 회의에 참석했던 정상들도 빈의 카페에 드나들었다. 오페라 하우스 뒤의 '자허Sacher 카페'는 그중 하나다. 이 카페는 '자허 토르테Sacher Torte(초코 케이크)'로 유명하다. 이 케이크는 오늘날 전 세계에 일반화되어 있지만, 당시로서는 그 카페의 파티세리가 메테르니히 수상에게 디저트로 바치기 위해 세계 최초로 개발한 신제품이었다. 그 후 '두툼한 커피 잔에 담긴 커피와 접시에 놓인 한 조각의 케이크'는 빈 카페의 전형적 이미지가 되었다. 이 이미지가 오늘날 신세대의 감각에 맞춰 '에스프레소의 작은 찻잔' 또는 '스타벅스의 머그잔' 이미지로 변화할지는 장차 두고 볼 일이다. 왜냐하면 세계적으로 이탈리아나 미국 커피의 돌풍이 거세게 불고 있고, 빈에도 그 지점이 개설되었기 때문이다. 참고로 말하자면, 오늘날 전 세계에서 이탈리아 고급 커피 브랜드로 통하는 일리Illy 커피도 오스트리아 병사 프란체스코 일리가 1933년에 개발한 제품이라고 한다.

빈의 카페는 19세기 말 탐미주의적 예술인들의 문화 활동 공간이 됨으로써 그 명성이 자자했다. 이른바 '빈 모더니즘 Wiener Moderne'[28] 문인들은 단골 카페인 '하벨카Hawelka 카페' '그린슈타이들Griensteidl 카페' '첸트랄Central 카페'에서 문학을 논했으며, 바르H. Bahr, 호프만스탈H.V. Hofmannsthal, 알텐베르크 P. Altenberg, 폴가A. Polgar, 크라우스K. Kraus, 슈니츨러A. Schnitzler, 츠바이크는 그 중심인물들이다. 이들은 귀족 중심의 합스부르크 사회에 통합되지 못하고 평생을 예술가 정신으로 살아간 방랑자들이었다.

1897년 그린슈타이들 카페 주인이 건물을 헐고 재건축을 하기로 결정하자 크라우스는 빈의 전통이 사라진다고 애석해하며 유명한 글을 남기기도 했다. 오늘날도 일간신문들은 전통 카페가 폐업할 때마다 애도하는 글을 싣곤 한다.

현재 우리가 도심 복판의 콜마르크트에서 만나볼 수 있는 그린슈타이들 카페는 1990년 다시 개장한 것이다. 또 첸트랄 카페에 가면 마네킹이 진짜 사람처럼 테이블 하나를 차지하고 앉아 있는 것을 볼 수 있는데, 바로 시인 알텐베르크다. 그는 평범한 삶을 거부하고 도로테아가세Dorotheagasse의 작은 원룸 호텔을 빌려 그곳에서 살면서 음악회나 연극 관람을 즐기며 유유자적하게 살았다. 그가 보낸 편지들에는 주소가 첸트랄 카페로 되어 있다. 이 카페에는 훗날 러시아혁명을 성공시킨 트로츠키와 스탈린 그리고 히틀러도 자주 갔다.

첸트랄을 비롯한 디글라스Diglas, 프뤼켈Prückel 등 몇몇 카페에서는 오늘날도 피아노 연주회, 문학 작품 낭독회가 열리고 있으므로 알텐베르크가 살았던 당시의 데카당스적 분위기를 느낄 수 있다. 하지만 오늘날 관광도시 빈에서 우리가 원하는 사람들과 편하게 만날 수 있는 카페는 빈 도심을 약간 벗어나야 발견할 수 있다. 대학 근처의 쇼텐링Schottenring 카페는 넓고 차분하며, 데멜Dehmel 카페는 비좁지만 동양의 각종 차를 함께 팔며 고풍스러워 좋다.

빈 클래식 카페의 전형적인 탁자는 상판이 푸른 대리석이며, 의자 바닥은 둥근 나무로 되어 있다. 대부분의 카페는 프랑스 파리처럼 '샤니가르텐Schanigarten'이라는 길거리의 옥외 카페 공간이 있다. 빈 카페에서는 커피, 차, 와인과 간단한 케이크 종류만 제공한다. '비엔나 커피'를 주문할 때는 '멜랑쥐Melange!'라고 말해야 된다. 우리나라에서 하는 대로 '비엔나 커피'를 주문하면, 점원이 못 알아듣는다.

빈 카페에는 종업원들 간에도 엄격한 위계질서가 존재한다. 초심자는 '피콜로'라고 해서 매장 청소와 잔심부름을 하는 졸병일 뿐 손님을 상대할 자격이 없다. 손님에게 직접 주문을 받고 커피 값을 받는 점원이 제일 높다. 빈의 오래된 중세적 위계질서가 카페에도 존재하는 것이다.

빈 민중 극장: 빈 시민들의 파토스와 에스프리

빈에는 유서 깊고 웅장한 바로크식 극장들이 많다. 이것들 중 상당수는 19세기 초 비더마이어 시대에 건립된 것이다. 당시 빈 시민들은 연극에 열광했다. 부르크 극장의 정통 고전주의 연극뿐만 아니라 성문 밖 사설 극장들에서 공연되는 민중극들은 폭발적인 인기를 끌었다. 아직 영화나 텔레비전이 없던 시절에 연극은 사람들의 유일한 구경거리였다. 공연 작품들은 대부분 희극 장르였다. 극장마다 고유의 카스펄Kasperl, 타대들Thaddädl, 슈타벌Staberl 등 희극적 캐릭터가 등장해 우리나라 「품바」의 각설이처럼 사람들을 웃겼다. 그리스 비극이나 독일 질풍노도 시대의 진지한 비극 작품의 주인공들도 빈에 오면 재미있는 패러디 소재로 바뀌어 공연되었다.

예를 들어 괴테의 소설 『젊은 베르테르의 슬픔』에서 귀족 사회의 벽에 부딪혀 사랑을 이루지 못하고 자살하는 베르테르는 희극 「베르테르의 고뇌」(1807)[29]에서 어떻게 자살할까 고민한다. 권총을 사용하자니 탄알이 다 떨어져 안 되겠고, 목매어 자살하자니 왠지 쾌적하지 못할 것 같고, 칼로 배를 찌르자니 바지가 축축해질까 봐 차마 못하겠고, 결국 도나우 강물이 아직 차갑지만 물에 빠져 죽는 편이 그중 낫다고 생각한 그는 마침내 강물에 뛰어들지만, 궁상스럽게도 삽살개에게 구조되어 살아나는 것으로 패러디했다.

19세기 초반의 빈 민중극은 크게 두 계열로 나뉜다. 하나는 사회를 미화하는 비더마이어극 계열이고, 다른 하나는 비더마이어 사회를 비판하고 해부하는 풍자극 계열이다. 전자의 계보를 완성한 사람은 라이문트F. Raimund였다. 그는 당시의 민중극을 고급 문학극 수준으로 발전시켰다. 이탈리아 '기예극(Commedia dell'arte)'의 영향을 받아서 항상 전형적인 인물과 줄거리가 등장한다. 다시 말해, '폭군 아버지 밑에서 딸이 마음고생을 하다가 모든 난관을 헤치고 결국은 사랑하는 청년과 결혼한다'는 식의 이야기가 대부분이다. 마왕, 천사 등 초월적 존재들도 등장해 젊은 연인들을 돕고, 아버지를 계몽한다. 「알프스의 왕과 인류의 적 *Alpenkönig und Menschenfeind*」(1829)에서는 폭력을 휘두르는 주인공과 똑같은 모습으로 분장한 알프스의 정령이 등장해 주인공을 흉내 내어 주인공으로 하여금 그동안 자신이 얼마나 못되게 굴었는지 깨닫게 한다. 「낭비자 *Verschwender*」(1834)에서는 마음씨 좋은 수호천사가 등장해 주인공의 낭비벽을 슬퍼하며 눈물을 흘린다. 비더마이어 사회의 평화와 질서는 언제나 복원된다. 라이문트는 사회가 자본주의로 이행함에 따라 이기주의가 팽배하는 것을 비판하고 전통적인 소박한 가치의 소중함을 일깨우려 했던 것이다.

사회를 비판하는 민중극 계열의 완성자는 극작가 네스트로이J. Nestroy이다. 겉으로 보기에는 그도 라이문트처럼 분수와 절제를 강조하는 것처럼 보이지만, 도식적 줄거리 속에, 비더마이어 사회의 부조리를 해부하는 예리한 메스를 숨겨 놓았다. 「룸파치바가분두스Lumpazivagabundus」(1833)는 인간을 헛된 명예심이나 이윤을 추구하는 존재로 묘사하며, 「부적Talisman」(1840)에서는 인간을 외모와 재력으로만 판단하는 사회를 비판한다. 네스트로이는 굉장한 인기를 끌었다. 그러나 19세기 후반에 접어들면서 빈 민중극은 급격히 쇠퇴하고 오페레타의 시대가 열리기 시작했다. 촌락 연극이 끝나고 도시 연극의 시대가 시작된 것이다. 이런 변화는 빈이 이제 더 이상 과거와 같이 동일한 정체성을 가진 전통 사회가 아니라 익명의 대도시 사회로 변하기 시작했음을 말해 준다.

오늘날 오스트리아의 고전 극작가 라이문트, 네스트로이, 안첸그루버 등의 민중극을 보고 싶다면 민중극장(Volkstheater)으로 가면 된다.[30] 빈 극장은 좀더 큰 규모로 모차르트와 바로크 시대의 오페라를 공연한다.[31] 이때 배우들은 표준 독일어가 아니라 왠지 촌스러운 구어체의 빈 사투리로 공연하는데, 그 의미를 알아듣기란 아마도 불가능할 것이다. 음악과 분위기를 즐길 수 있는 것으로 만족해야 할 것이다.

프란츠 요제프 1세 시대의 빈

합스부르크 제국의 해체: 죽어 가는 백조의 노래

중세의 거대한 공룡 같았던 합스부르크 제국은 19세기 말에 해체되기 시작했다. 그 원인은 역설적으로 합스부르크 제국이 팽창했기 때문이었다. 제국의 영토가 넓어질수록 국경 안에 살고 있는 다양한 민족들 간에 이질적 문화가 충돌했다. 세기말 빈의 인구는 약 150만 명이었는데, 그중에 20만 명 정도가 체코인이었으며, 역시 비슷한 수의 유태인이 살았으며, 기타 헝가리인 등, 서로 다른 종교와 언어를 가진 사람들이 모여 살며 서로 반목했다. 그래서 이민족 간에 화합을 유도하기 위해 1897년 체코어를 공용어로 인정한다는 법령을 발표했지만, 공무원들이 체코어를 새로 배워야 했기 때문에 결국 슬라브인들에 대한 반감이 더욱 깊어지고 말았다.32) 다시 이에 반발하는 체코인들을 중심으로 하는 범凡슬라브주의가 생겨났고, 또 이에 반발해 범게르만 민족주의가 일어났다.

게르만 인종순수주의 이데올로기에 물든 사람들의 분노는 애꿎게도 빈의 유태인들을 향해 폭발했다. 과거 계몽주의 시대에 빈의 개방 정책에 힘입어 독일 문화권으로 동화된 유태인들은 합스부르크 사회가 근대사회로 발전하는 과정에서 가장 큰 수혜자였다. 이성에 바탕을 둔 합리주의 사회가 도래함에 따라 대학의 아카데미즘과 상공업 그리고 금융계가 그들의 수중에 들어갔다. 그러자 빈의 전통 수공업에 종사하는 서민계층과 소상인들은 위기감을 느꼈다. 직업조합의 독점권을 누리던 그들은 개방과 경쟁의 시대에 정체되고 퇴보하고 있었다. 이로 인해 생존의 불안감이 커지자 정치가들은 이를 이용해 게르만 민족주의를 선동해 반유태주의 정서를 퍼뜨렸다. 「프라이에 프레세」의 유태인 신문기자 헤르츠T. Herzl의 시오니즘 운동은 거기에 불을 끼얹은 결과만 초래했다.

이리하여 빈은 유럽에 퍼지기 시작한 민족주의와 인종주의 갈등의 각축장이 되었다. 합스부르크 제국의 중세적 평화 공존 이념은 사라지고 허울만 남았다. 이 허울뿐인 이념을 마지막까지 믿었던 사람은 '황제 요제프 1세'뿐이었다. 국민들은 1848년부터 1916년까지 무려 68년 동안 통치한 이 황제를 합스부르크 제국의 수호신으로 여겼다. 사람들은 이 노인이 사망하면 제국도 함께 끝날 것이라고 생각했다.

빈 대학교 옆의 보티프 교회는 분열의 시대의 산물이다. 1853년에 헝가리 민족주의자가 황제를 암살하려던 계획이 발각되었다. 황실은 이 사건을 정치적으로 활용하기로 했다. "황제가 암살을 모면한 것은 신의 뜻이다! 따라서 신에게 감사하는 뜻으로 교회를 건립하자!" 이렇게 해서 3년 만에 완공된 것이 바로 보티프 교회이다. 범시민적으로 교회 건축을 위한 헌금 운동이 전개되었으며, 기부자 명단이 날마다 신문에 보도되었다. 사람들이 잘 볼 수 있는 성벽 바깥의 넓은 공터, 이른바 글라시스Glacis에 자리 잡은 이 교회는 쾰른 대성당의 고딕 양식을 따름으로써 합스부르크 왕가의 드높은 신앙심을 과시했다.

합스부르크 왕가는 분열의 시대에 제국의 정통성을 강조했다. 오늘날 시내 곳곳에 남아 있는 웅장한 동상들도 그 당시에 합스부르크 제국의 '영웅 만들기' 정책에 따라 세운 것이다.33) 케른트너링 동편에서 있는 슈바르첸베르크Schwarzenberg 장군의 기념 동상은 그 대표적인 예다. 그는 1813년 라이프치히 전투에서 나폴레옹 군대와 싸워 이긴 장군이다. 또한 1892년에 밀라노의 반란을 진압한 라데츠키 백작의 동상은 황제가 참석한 가운데 당시 국방부 건물이 있던 암호프에 제막되었으며,34) 현재 스투벤링Stubenring의 정부청사 앞으로 옮겼다.

그의 이름을 딴 라데츠키 행진곡은 요한 슈트라우스가 1848년 작곡했으며, 경쾌한 리듬 때문에 오늘날도 오스트리아 시민들의 사랑을 받고 있다. 또한 해마다 빈 필의 신년 음악회에서 앙코르 곡으로 연주된다. 또한 1809년 아스펀Aspern 전투에서 잠시 동안 승리를 거두었던 카를 대공(Erzherzog Karl, 1771~1847)도 영웅으로 추대되었으며, 그의 동상은 시내 영웅 광장 북쪽에 세워졌다.

황제는 기왕이면 왕궁도 새로 짓기로 했다. 이리하여 1888년 드디어 반원형의 웅장한 신왕궁이 완공되었다. 이 건물은 오늘날 국립도서관으로 사용되고 있어 누구나 내부를 관람할 수 있다. 설계자 젬퍼G. Semper는 원래 그 맞은편 민중공원에도 이 신왕궁과 똑같은 형태의 왕궁을 건설해 서로 마주 서 있게 하려고 했다. 비록 재정이 부족해서 계획은 실현되지 못했지만, 1824년 '자연사 박물관'과 '예술사 박물관'으로 건너가는 곳에 '승리의 문(Burgtor)'을 만들었으므로, 황제의 왕궁은 어느 정도 완결된 모습을 갖출 수 있었다.

하지만 모든 노력에도 불구하고 합스부르크 제국의 해체는 더 이상 막을 수 없는 대세였다. 1889년 빈 근교에서 왕궁으로 날아든 청천벽력 같은 소식은 그 첫 신호탄이었다. 황태자 루돌프가 마이얼링Mayerling의 황실 전용 사냥 별장에서 사망했다는 소식이었다. 그는 17세의 어린 애인 벳세라Vetsera와 함께 권총에 맞아 피투성이 시체로 발견되었다. 평소 우울증으로 시달리던 황태자가 동반 자살을 한 것이라는 추측을 하기도 했지만 의문의 죽음은 오늘날까지도 풀리지 않고 있다. 그 장소는 지금 박물관으로 단장되어 세상 사람들에게 공개하

고 있다.35)

1898년에는 또 한 번 슬픈 소식이 스위스로부터 날아들었다. 국민의 사랑을 받던 왕비 엘리자베트(일명 '씨씨Sisi')가 제네바 호숫가에서 이탈리아 무정부주의자의 칼에 찔려 사망했다는 소식이었다. 엘리자베트는 원래 바이에른의 공주였다. 공주는 1854년 황제 요제프 1세와 결혼하기 전에는 바이에른의 자연 속에서 자유롭게 살았다. 따라서 결혼한 뒤에도 빈 황실의 엄격한 법도를 견뎌 내지 못하고 몸과 마음에 병이 생겨 헝가리 등지로 장거리 여행을 떠나 있는 시간이 많았다. 엘리자베트와 요제프 1세와의 결혼은 어느 정도 정략적 계산에 따른 것이었다. 빈 황실은 제국의 위엄을 전 세계에 과시하기 위해 상크트아우구스틴St. Augustin 교회에서 결혼식을 화려하게 거행했다.36) 빈은 씨씨 왕비를 기리기 위해 2004년 신왕궁에 기념관을 만들었다.37) 그곳에서 엘리자베트의 젊은 시절의 아름다운 모습이 담긴 초상화와 데드마스크를 볼 수 있다.38)

하지만 불행은 여기서 그치지 않았다. 새 황태자 페르디난트와 황태자비 소피마저도 1914년에 세르비아에서 암살당했다. 황태자비는 평범한 시민 가정 출신이었다. 영국의 다이에나 왕세자비처럼 신분을 초월한 그들의 사랑과 비극적 최후는 종종 세인들의 입에 오르내렸다. 그들에 대해 자세히 알고 싶으면 빈 근교 아르스테텐Arstetten을 찾아 가면 된다.39) 황실의 별궁으로 사용되던 그곳에는 그들의 영원한 안식처가 마련되어 있으며, 그들이 현장에서 타고 있던 구형 포드 승용차도 전시되어 있다.

합스부르크 왕가의 가족들의 시신은 오늘날 카푸치너 교회 지하실에 안치되어 있다.[40] 그곳에는 자그마치 왕족 146명[41]의 아름다운 석관들이 있다. 물론 그들의 심장은 별도로 아우구스티너 교회에, 그리고 내장은 슈테판 대성당 지하실에 안치되어 있다. 씨씨 왕비의 관 앞에는 언제나 예쁜 꽃이 놓여 있으며, 남편이 사망한 뒤 평생 검은색 상복을 입고 있던 마리아 테레지아 여왕도 스테판 황제와 나란히 누워 있다. 1990년에 마지막 황비 치타Zita[42]가 서거했을 때는 비가 내리는 중에 거행된 장례식이 전국에 생중계되었다. 합스부르크 왕가는 오늘날도 빈의 화려한 건물들과 더불어 빈 사람들의 가슴속에 영원히 살아 있다.

빈 문학: 합스부르크 신화와 블랙코미디

마침내 황제 프란츠 요제프 1세가 제1차 세계대전 와중에 서거했다. 혁명이 일어났고 합스부르크 제국은 끝이 났다. 그러나 그가 사망한 1916년 이후에도 제국은 영원히 살아남았다. 무슨 뜻인가 하면, 제국은 문학과 예술 속에 명맥을 유지하고 있다는 것이다. 호프만스탈, 슈니츨러, 알텐베르크, 요제프 로트, 베르펠, 츠바이크, 트라클, 안드리안 등 수많은 작가들은 가라앉은 제국을 불멸의 제국으로 만들었다. 그들은 제국을 회고하면서 아름답게 묘사했다. 그 세계의 아름다운 우울함은 오늘날도 우리의 심금을 울린다.

남부 티롤 보첸에서 빈으로 유학 온 17세 소년 에르빈의 유학 생활을 그린 안드리안의 산문 「인식의 정원」에서 세기말 빈은 주인공의 눈에 다음과 같이 비쳐진다.

> 그는 좁은 골목길의 웅장한 바로크 궁정들, 기념 건축물들에 새겨져 쟁쟁 울려 퍼지는 비명碑銘들, 말들의 스페인풍 행보, 겨울날의 부르크호프를 사랑했다. 그는 모두가 축하하는 대규모 축제들을 사랑했다. 요란하고 화려한 음악이 따뜻하게 군중의 사지四肢를 녹이며 통과할 때, 특히 성체 축일날 우리의 주님, 구원의 나라이신 예수 그리스도의 축복받은 몸이 거기에 못지않은 광채를 발하며, 거기에 못지않은 군중의 환호 속에 우리 쪽으로 다가올 때면 더욱 그러했다.[43]

빈의 시민 작가들, 특히 유태계 시민 작가들은 합스부르크 왕가와 자신을 동일시했다. 빈의 합스부르크 왕가는 중부 유럽에서 처음으로 요제프 2세 때 그들에게 시민권을 부여하고 살 곳을 마련해 주었기 때문이다. 빈은 합스부르크 제국의 모든 젊은이들에게 동경하는 대상이었다. 이 동경은 좌파 사회주의자들의 등장과 독일 민족주의 그리고 나치의 등장으로 세상이 증오와 광기에 휩싸였을 때, 작가들의 마음속에 합스부르크 왕가를 영원한 유토피아의 제국으로 자리 잡게 만들었다. 문학 연구자들은 이런 현상을 '합스부르크 신화'라고 부르며, "합스부르크 제국은 그 종말과 더불어 새로 시작한다!"라고 말하기도 한다.

물론 랑케, 트라이취케, 드로이젠 등 진보주의자 역사학자의 관점에서 볼 때, 국가들의 느슨한 연합체인 합스부르크 왕국은 근대의 민족자결주의와 민주주의를 탄압한 '중세적 괴물'일 뿐이다. 합스부르크 제국은 반봉건을 외치는 진보 세력을 무력으로 탄압했다. 1860년도에 쇼텐링이 도나우 운하와 만나는 곳에 붉은 벽돌로 웅장한 '로사우어 병영'을 건설한 이유도 민주화 시위가 있을 때마다 신속히 군인들을 투입하기 위해서였다.

아무리 예술과 학문이 그 끝자락에서 꽃을 피웠지만, 종교개혁과 흑사병의 도전을 뚫고 살아남은 이 '괴물'에 대해서 내부적으로 비판하지 않았을 리 없다. 이 비판은 제2차 세계대전 이후 신세대 지식인과 예술가들이 본격적으로 제기했다. 이들은 과거의 합스부르크를 미화하는 오스트리아인들의 물질주의적 사고방식을 신랄하게 비난했다. 이리하여 오스트리아 문학계에는 '합스부르크 신화'의 방 옆에 또 하나의 방, 즉 '합스부르크 신화를 해체하는 블랙코미디'의 방이 생겨났다.

이 새로운 방의 책들은 현대사회의 빈을 네스트로이의 익살극들처럼 요지경 세상으로 보여준다. 1960년대 초반 빈 그룹의 아방가르드적 문학, 페터 한트케의 그라츠 그룹 문학, 토마스 베른하르트 그리고 노벨문학상 수상자 옐리네크에 이르

기까지 이들의 비판적 문학 전통은 계속 이어졌다. 아름다운 빈에 은폐되어 있는 남성주의적, 자본주의적 파시즘에 대한 끝없는 해부와 풍자가 이어지고 있는 것이다.

엘리네크의 소설 「욕망Lust」(1992)에 보면, "오스트리아는 음악의 나라이므로 자녀에게 강압적으로 바이올린을 연습시켜도 괜찮다"는 식의 표현이 나온다. 음악으로 먹고 사는 나라이므로 연주 기술을 익히기 위한 폭력은 괜찮다고 생각하는 오스트리아인들의 생각을 비판한 것이다. 베른하르트의 소설 「거장들Alte Meister」(1985)에는 러시아 단체 관광객들에게 빈 예술사 박물관을 구경시키며 앵무새처럼 합스부르크 왕가의 지식을 늘어놓는 가이드가 나온다. 빈 사회는 요지경 속 연극과도 같다. 그러나 작가들의 끝없는 욕설은 역설적으로 빈에 대한 그들의 깊은 관심과 사랑 때문이 아닐까? 빈에 대한 애증이 한없이 교차하는 것이다.

축제: 정치의 미학화

역사상 빈처럼 정치와 미학이 하나로 통일된 도시는 드물었다. 민족이나 집단 간의 정치 대립도 그 아름다움의 허상 속에서 유야무야되곤 했다. 정치가 미학으로 변모하는 것은 이미 16세기 막시밀리안 황제 때부터 이루어졌다. 국빈 방문 같은 중요한 정치 행사가 있을 때마다 대규모 모의 전투, 마상 무술 시합, 연극, 오페라 공연이 열렸다.

국가의 공식 행사에는 왕가의 결혼식, 장례식, 자녀 출산 같은 사생활도 모두 포함되었다. 일찍이 마리아 테레지아 여왕은 16명의 자녀를 출산함으로써 이들의 관혼상제만으로도 공식행사가 끊이지 않았다. 여왕의 출산이 임박하면, 의무대신, 법무대신, 군부대신이 대기하고 있으며, 국민들은 왕궁 앞 광장에서 초조하게 기다린다. 출산 소식이 궁녀의 입을 통해 전해지면, 의무대신이 달려가 아기의 건강 상태와 성별을 확인해 진단서를 발부한다. 그러면 법무대신이 출생신고를 완료한다. 군부대신은 바깥의 의전 군대에 알려 축포를 발사하게 한다. 발사 횟수는 왕자를 낳았을 때와 공주를 낳았을 때 서로 다르게 미리 정해져 있었다. 이런 행사에 빈 시민들은 열광했고 잠시나마 일상의 고통을 잊었다.

그러나 빈 지식인들은 정치가 쇼라는 것을 잘 알고 있었으며 따라서 냉소적이었다. 그들에게 정치란 것은 사람들에게 잘 보이기 위해 화려하게 진열된 전시품 내지는 백화점의 현란한 신상품 같은 것이었다. 슈니츨러의 드라마 「핑크와 플리더부시*Fink und Fliederbusch*」(1916)에는 요제프 1세 시대 빈 정치의 이와 같은 미학적 속성이 잘 묘사되어 있다. 내용을 보면, 프리랜서로 일하는 기자가 하루는 소수 민족과 민주주의를 대변하는 진보 성향의 신문에 기사를 쓰고, 그 다음날은 황실과 귀족을 대변하는 보수주의 신문에 기사를 쓴다. 지방에서 일어난 똑같은 민족주의 소요 사태에 대해 모순되는 입장으로 두 기사를 동시에 쓰는 것이다. 물론 그는 핑크와 플리더부시라는 두 개의 필명을 가지고 있으므로 이런 이중 행동이 결코 발각되지는 않는다. 이런 태도는 정치인들에게도 마찬가지였다. 기자가 출세하기 위해 찾아간 귀족은 변방의 민족주의 소요 사태를 진압했지만 그 역시 보수주의를 신봉해서가 아니라 그저 연극배우처럼 군대를 지휘하고 있을 뿐이라고 말한다. 그러면서도 그는 보수주의를 자신의 신념처럼 보이기 위해 목숨이 걸린 결투에 기꺼이 참여한다. 사람들은 그런 결투를 즐겨 관람하고, 전문 입회인은 결투의 모든 과정을 마치 프로야구 해설가처럼 분석하고 평가한다. 정치는 이처럼 모든 이에게 허울 좋은 연극일 뿐이며, 갈등을 진정으로 해결할 수 있는 정치력을 잃어버렸다. 빈 링의 국회의사당 건물 앞에서는 민족주의와 민주주의를 외치는 시위대의 행렬이 끊이지 않았고 유혈사태가 벌어지기도 했다.

빈의 축제 전통은 오늘날도 계속 이어지고 있다. 신정, 삼왕절, 수난절, 예수 승천일, 오순절, 성체축일, 마리아 승천일, 국가독립일, 만성절, 레오폴트절, 마리아 수태일, 성탄 전야, 성탄절, 스테판절, 실베스터가 모두 공식 국경일이며, 수많은 행사가 펼쳐진다. 이외에도 사육제Fasching, 하지夏至 축제, 마틴 행렬축제 그리고 수시로 열리는 각종 단체의 무도회가 신나는 구경거리를 제공한다. 마을 축제나 특별한 행사에서는 신부神父들이 와서 통나무 포도주 통에 성수를 뿌리며 축복한다. 모두가 기분 좋게 술에 취할 수 있도록 말이다.

특히 크리스마스를 앞두고 시청 앞 광장은 '아기예수 장터

(Christkindlmarkt)'로 변신한다. 수십 미터 높이의 전나무 크리스마스트리 장식이 설치되고, 수공예품과 음식 따위를 판매하며, 썰매장, 스케이트장, 미니 동물원을 개장한다. 물론 산타클로스 할아버지도 보이지 않고, 크리스마스 캐롤 소리도 들리지 않는다. 이것은 미국식 크리스마스 문화이다. 그 대신 성탄절 트리를 만들기 위해 전나무를 판매하는 알뜰시장이 열린다. 산타클로스 대신 상트니클라우스 할아버지가 로마 교황식 모자를 쓰고 '크람푸스Krampus'와 함께 나타난다. 크람푸스는 거대한 소방울을 달고 양털 가죽을 뒤집어쓴 티롤의 도깨비다. 상트니클라우스 할아버지는 1년 동안 잘못을 많이 한 어린이들에게 선물 대신 몽둥이로 위협한다. 청소년들 중에 상당수가 이 벌을 받기 위해 크람푸스 동호회에 가입하며, 해마다 연말이면 거리에 떼를 지어 나타난다.

오페레타 그리고 현대음악

19세기 중반 이후 빈에서는 파리의 오펜바흐J. Offenbach의 영향을 받아 부르주아를 위한 오페레타가 발달하기 시작했다. 요한 슈트라우스의 「박쥐Die Fledermaus」(1874), 「빈의 피Wiener Blut」(1899), 레하르F. Lehar의 「유쾌한 과부Die lustige Witwe」(1905) 등이 유명한데, 이 작품들은 귀족들의 사치스런 생활을 재치 있게 풍자했다. 이 공연들을 보고 싶다면 빈 민중오페라 하우스(Volksoper Wien)에 가면 된다.44) 감미로운 선율들이 오래오래

기억에 남을 것이다.

연극 공연이 없는 여름철 휴가 기간에 빈을 방문하는 사람들은 빈 남쪽의 작은 도시 뫼르비쉬Mörbisch로 가면 된다.45) 커다란 호숫가를 배경으로 꾸민 화려한 호반의 야외무대에서 성악가들의 오페라 축제가 환상적으로 펼쳐진다. 요제프 1세 시대에 빈 시민계급에게 음악은 일상생활의 고달픔을 달래 주는 아편과도 같은 것이었다. 슈트라우스의 서정적인 「아름답고 푸른 도나우 강」처럼 단순하게 반복되는 왈츠 리듬에 사람들은 몸을 맡기고 춤을 추었으며, 잠시나마 어두운 뒷골목의 집을 벗어나 귀족처럼 행복감에 젖었다.

한편 쇤베르크는 아름다운 환상을 과감히 깨뜨리는 현대곡들을 내놓았다. 그의 「알텐베르크의 그림엽서 텍스트에 따라 작곡된 5편의 오케스트라 노래들5 *Orchesterlieder nach Ansichtskarten-Texten von Peter Altenberg*」(1913)은 당시 시민들은 전혀 들어보지 못한 12음계 무조음악이었다. 연주자가 실수로 반음이라도 틀리게 연주하면 마구 야유를 퍼부을 정도로 클래식 음악에 조예가 깊던 교양 시민계급은 쇤베르크의 음악이 너무 낯설어 연주를 중단시켰다. 현대인의 불안한 심리, 긴장, 두려움, 소외 등을 표현한 불협화음에 대해 그들은 분노했다. 시민계급의 분노는 이해할 만하다. 왜냐하면 그들은 뒷골목의 어두운 집에서 벗어나 잠시나마 음악회장에서 문화를 즐기고 싶었는데, 얄궂게도 쇤베르크는 그 욕망을 허위의식이라 고발하며 현실을 직시할 것을 요구했기 때문이다. 쇤베르크의 현대음악은 그 후 베

베른, 알반 베르크 등이 계승해서 발전시켰다.

쇤베르크의 무조음악이 초연된 칼스플라츠의 음악협회 건물(1869)은 오늘날 빈 정통음악을 대변하는 극장으로 통한다.46) 엄숙한 느낌의 붉은 양탄자와 기품이 넘쳐나는 대리석 조각 그리고 금빛 장식들에는 오늘날 예술에 바치는 빈 시민들의 존경심이 잘 나타나 있다. 빈 필의 신년 음악회를 시작으로 빈 심포니, 톤퀸스틀러, 모차르트 오케스트라, 빈 소년합창단 등의 각종 연주회가 연일 이곳에서 이어진다.

건축: 링의 역사주의 건축 양식

1865년 황제 요제프 1세는 유서 깊은 중세 도시 빈47)을 에워싸고 있던 성곽을 해체하라고 명령했다. 이미 세계적 대도시로 성장한 빈에서 약 4km 길이의 성곽은 교통의 흐름에 방해가 되었기 때문이다. 1848년에 일어난 시민혁명도 웅장한 성곽의 해체를 촉진했다. 봉건 왕조 타도를 외치는 시민혁명군이 성곽 뒤에 숨어서 저항했던 것이 황제의 기억 속에 불쾌하게 남아 있었던 것이다. 1869년 빈의 인구는 이미 90만을 돌파했으며, 제1차 세계대전 직전인 1910년에는 200만 명을 넘어섰다. 그래서 사람들은 빈을 '뇌수종腦水腫(Wasserkopf)' 도시라고 놀려 댔으며, 보수주의 언론인 크라우스는 "빈이 대도시로 해체되었다"라고 풍자하기도 했다. 빈은 더 이상 지역적 특성을 찾아보기 힘든 국제도시가 된 것이다.

19세기 초만 해도 빈은 전 세계에서 온 다양한 사람들이 살고 있었지만 여전히 중세 도시의 질서를 유지하고 있었다. 그것은 슈테판 대성당을 중심으로, 마치 나무의 나이테처럼 성장한 유기체 도시였다. 왕궁과 귀족 그리고 성직자들의 궁전이 구시가지(1구)에 몰려 있었으며, 그 외곽 지역(2-9구)에는 돈 많은 부르주아들이, 그리고 외곽 순환도로 '귀어텔Gürtel'48) 바깥쪽(10-23구)에는 도시 노동자들이 모여 살았다. 그러나 19세기 말 부르주아들은 오히려 쇤브룬 궁 바깥 14구 히칭이나 19구의 그린칭 등, 빈 숲의 고급 주택가로 빠져나가 도심은 오히려 저렴한 호텔과 상점들이 모여 있는 상업 지구가 되었다.

이런 추세에 따라 빈 당국은 성곽이 해체된 자리에 현대적 불바르(번화가)를 건설하기로 계획했다. 빈은 중세 도시에서 국제도시로 탈바꿈하기를 원했던 것이다. 유태계 부르주아들이 투자했으며, 유명한 건축가들이 건물을 설계했다. 그 결과, 성곽을 따라 극장, 의회, 오페라하우스, 중앙우체국, 은행, 증권거래소 등 현대적 건축물들이 잇달아 건설되었다. 오스만 투르크 군대가 진격해 와 빈을 에워싸고 막사를 설치했던 넓은 공터에는 대학, 시청, 박물관들을 세웠다.

그러나 새롭게 건설된 빈의 모습은 현대 도시와는 거리가 먼 구식 바로크 도시의 형상이었다. 오토 바그너가 설계한 우체국 은행의 청년 양식 빌딩을 제외하고는 대부분의 건물들이 다양한 전통 양식으로 지어졌기 때문이다. 부르크 극장은 바로크 양식, 시청은 신고딕 양식, 의회당은 그리스 고전주의 양식, 자연사 박물관과 예술사 박물관 그리고 대학은 르네상스 양식으로 지어졌다. 건축사학자들은 이런 다양한 양식들의 공존을 '역사주의 양식'이라고 부른다. 일반인들도 그 모습을 '링 스타일'이라 부르며 조롱했다. 미국의 역사학자 쇼르스케는 그 모습이 빈 시민계급, 특히 건축 기부금을 많이 제공한 유태인 갑부들의 정체성 부재 때문이라고 설명했다.[49] 그들은 빈 귀족의 바로크적 탐미주의를 흉내 냈다는 것이다.

고대 그리스 양식의 국회의사당

국회의사당 건물은 1873년 그리스 파르테논 신전을 본보기로 완공되었다.[50] 설계자는 고대 그리스의 민주주의를 염원했다. 그래서 그는 모든 것을 그리스의 건축 양식에 따르려고 노력했다. 심지어 건물 내부도 그리스식 원주 기둥들을 세움으로써 파르테논 신전의 겉모습처럼 보이게 했다. 건물 바깥의 정중앙에는 지혜의 여신 아테네의 동상을 세웠으며, 지붕 위의 시꺼먼 굴뚝도 그리스 신들의 웅장한 석상으로 가렸다. 설계자는 길거리에서 잘 볼 수 있도록 의사당의 기단을 높이 쌓고 그 위에 건물을 세웠다. 심지어, 두 줄로 서 있던 아름드리 가로수도 건물의 모습을 가린다고 해서 베어 버렸다. 그는 하원 건물과 상원 건물을 연결하는 중앙 통로에는 오스트리아의 위대한 영웅들의 동상들을 세우려고 했다. 결과적으로 건물은 아주 아름답게 완성되었다. 아마도 세계에서 가장 아름다운 국회의사당 건물일 것이다.

신고딕 양식의 시청: 인간적 관료주의?

시청 청사는 1883년에 중세 신고딕 양식으로 완성되었다. 중세의 자유 도시 브뤼셀과 암스테르담의 시청을 본보기로 한 것이다. 정중앙에 있는 탑의 높이는 자그마치 105m나 된다. 내부에는 화려한 연회장들이 있으며, 바로크 양식의 중정中庭이 7개나 된다. 시청을 처음 방문하는 사람은 웅장한 규모에 어리둥절해진다. 합스부르크 제국은 관료 국가였다. 수많은 관료들이 무수히 많은 서류로 제국을 통치했다. 카프카의 소설「성城」을 보면, 관료들이 사실상 성주이며 그들이 형성하고 있는 권력 관계를 꿰뚫어 보기란 불가능하다.

시청의 계단을 한참 걸어 올라가면 대략 5층쯤 걸어 올라왔다고 생각하지만, 실제로 창밖을 내다보면 겨우 3층임을 알게 된다. 층높이가 워낙 높아서 그렇다. 그런데 우리는 복도 팻말에서 '1층(1Stock)'이라는 층 표시를 발견하고 다시 놀라게 된다. 다시 한 층 아래로 내려가 보자. 이번에는 복도 팻말에 '중간층(Mezzanin)'이라고 써 있다. 한 층 더 내려가면, '지층(Erdgeschoss)'이다. 우리는 빈의 일반 공공건물과 상업용 건물들에서 이런 식의 층 표시법을 자주 발견할 수 있다. 중간층이 있다는 사실이 도대체 이해가 되지 않는다. 중간층이 있는 이유는 건물 재산세 때문이다. 건물의 층수에 따라 부과되는 각종 세금과 부담금을 줄이기 위한 일종의 편법인 것이다. 건물 밖에서 보면, 지층과 중간층은 같은 외장재를 사용한 경우가 많아서 한 층처럼 보인다. 3층부터는 외장재가 달라진다. 이처럼 '눈 가리고 아웅'하는 것이 빈에서는 통한다고 한다. 프로이센이나 베를린에서는 불가능한 일이다. 그래서 '발칸은 빈부터'라는 말이 생겨나지 않았을까?

빈 시청의 여러 공간들은 오늘날 문화예술 공간으로 활용된다. 중세풍의 장엄한 홀에서 각종 강연회와 시상식이 자주 열리며, 중정 마당은 어린이 놀이터로 꾸며 개방하고 있다.

르네상스 양식의 대학 건물: 종합예술 이념

빈 대학 건물은 1884년에 르네상스 양식으로 완성되었다. 이탈리아 르네상스 시대처럼 인문주의의 부활을 도모한다는 취지였다. 규모는 신학, 철학, 의학 그리고 법학 대학이 한 건물에 모두 입주할 수 있을 만큼 크다. 설계자는 바로크의 '종합예술' 이념에 따라 이 건물을 설계했다. 건물은 세계를 축소한 모형이고자 했다. 중정中庭에는 오스트리아의 위대한 학자들의 흉상이 줄지어 서 있다. 처음 방문한 사람은 이 건물에 들어가면 곧 길을 잃고 만다. 비슷한 계단과 강의실들이 너무 많기 때문이다. 강의실마다 붙어 있는 방 번호는 대리석으로 되어 있고, 온통 금빛 라틴어로 새겨져 있다. 요즘은 아크릴판으로 커다랗게 방 번호를 붙여 놓았다.

바로크 양식의 부르크 극장: 애국심

빈 시민들의 미학적 생활방식은 대학 건너편의 부르크 극장의 구조에서도 잘 나타난다. 이 건물의 평면도는 그리스 시대의 아름다운 현악기인 비파 형태로 설계되었다. 이 형태의 문제점은 1888년 완공되었을 때 비로소 드러났다. 다시 말해, 비파의 좌우 허리에 해당하는 잘록한 부분에 위치한 로얄석에서는 무대가 가려져 잘 보이지 않는다는 것이 밝혀졌다. 실용성보다는 미학이 중시되는 도시 빈의 실상을 잘 보여주는 사건이라 하겠다.

이 건물은 제2차 세계대전 중 폭격으로 객석 공간이 파괴되었으나 1955년에 복원되었다. 이 극장은 오늘날 독일어권 최고의 정통극장 중 하나로 통하기 때문에 배우들은 이 극장 무대에 서는 것을 최고의 영광으로 여긴다. 이 극장의 권위는 하늘의 별처럼 높으며 신성하기까지 하다. 극장에서 공연되는 레퍼토리는 셰익스피어, 실러, 렛싱 등 유럽의 정통 문학극들이 대부분이지만, 네스트로이, 한트케 등 오스트리아 작가의 작품들도 많다.[51] 제2차 세계대전 뒤 다시 개관하는 것을 기념하는 첫 공연 작품은 그릴파르처의 「오토카 왕」이었다. 합스부르크 왕가를 찬양하는 이 작품은 2005년 10월, 재개관 50주년 기념일에도 다시 공연되었다.

르네상스 양식의 국립 오페라 하우스: 환상 세계

링과 케른트너 거리가 교차하는 곳에 르네상스 양식의 화려한 국립 오페라하우스가 서 있다. 1869년에 이 건물이 완공되었을 때 생각하지 못한 결함이 발견되었다. 건축 도중에 링 도로를 포장하면서 길바닥의 높이가 1m 정도 높아졌다. 그래서 건물 1층은 낮아 보이게 되었고, 사람들은 이 건물을 '가라 앉은 상자'라고 흉을 보았다. 미처 예상하지 못한 이런 사태에 대해 설계자 뉠E.v.D. Nüll은 낙담했고 1868년 스스로 목을 매어 자살했다. 빈 사람들이 극장의 외관에 대해 얼마나 관심이 많고 말이 많았으면 그로 하여금 스스로 목숨을 끊게 했을까? 빈 사람들에게 극장은 그토록 소중했던 것이다. 극장은 그들로 하여금 일상의 정치적 소외와 권태를 잊게 해주는 신비스럽고 성스러운 곳이었다. 폴가는 극장의 이런 마법 같은 힘에 대해 다음과 같이 말했다.

> 아주 자연스럽던 것이 극장에서는 자연스럽지 않게 작용하며, 단순한 것이 전혀 단순하지 않은 경우가 종종 있다. 그 원인은 무대의 공기가 고유의 신비로운 굴절 법칙을 가지고 있기 때문이다. 따라서 '자연스럽게' 거기에 들어간 것은 결코 '자연스럽게' 되돌아와 관객의 귀에 도달하지 않는다.[52]

오늘날도 이 환상의 세계를 체험하기 위해 사람들은 국립 오페라 하우스에서 모차르트, 베르디, 푸치니 등의 오페라를 관람한다. 공연은 여름 휴가철을 제외하고는 날마다 있으며, 경우에 따라서는 오전 공연과 오후 공연까지 합쳐 하루에 세 차례씩 공연이 열리는 날도 있다.[53] 일반적으로 오페라를 공연하려면 가수, 합창단, 무용단, 오케스트라, 스태프 등 수많은 인력이 동원되어야 하며, 엄청난 재정 투자가 뒷받침되어야 한다. 빈은 이를 위해 아낌없이 투자하고 있다.

옛 왕궁: 건축사의 박물관

빈은 기본적으로 역사 속의 모든 것에 대해서 열려 있는 도시였다. 중세적 질서 속에서 다양한 개체들은 교향악처럼 조화를 이룰 수 있다는 입장이었다. 아마도 그것이 빈을 바로크적 도시로 만들었을 것이다. 시내 중심의 옛 왕궁의 모습은 그런 정신을 대변한다. 왕궁은 과거 700년간 합스부르크 왕가가 지속되는 동안 기존의 건물을 허물지 않고 계속 증축했으며 그때마다 시대의 첨단 건축 양식들이 적용되어 매우 다양한 형상을 하고 있다.54) 미로와 같은 복잡한 뒷골목들을 누비면서 자세히 살펴보면, 한 건물에 중세 고딕부터 20세기 최신 자동 유리문까지 각종 양식들이 공존한다는 것을 알 수 있다.

현대 빈의 탄생

청년 양식의 모더니즘 건축: 반反 장식주의

링에 화려한 건물들을 세운 부르주아 계급의 복고 취향에 대해, 쇤베르크가 전통음악에 저항했듯이, 로스A. Loos, 바그너, 호프만 등 신세대 건축가들이 반발하며 새로운 양식의 건물들을 실험했다. 이들의 예술 양식은 단정하면서도 세련된 직선과 평면 디자인을 중시했기 때문에 '청년 양식(Jugendstil)'이라

부른다.

이 양식의 건물들은 대부분 지하철 역세권에 있으므로 대중교통으로 쉽게 접근할 수 있다. U4의 히칭 역 인근에 있는 단아한 고급 빌라들은 보는 사람들에게 왕궁 시녀들처럼 "무릎을 굽혀 정중히 절을 한다." 바그너가 설계한 오타크링 Ottakring의 '슈타인호프 정신병원'의 금빛 천사상 네 개와 푸른 탑은 단순한 사각형 벽면을 배경으로 아름답게 빛난다. 재래식 청과물 시장 나쉬마르크트의 "주택(das Freihaus-Viertel)"의 외벽은 공작 깃털과 넌출진 양귀비꽃 무늬가 환상적이다. 칼스플라츠 역 건물은 수병水兵 모자를 쓴 신병처럼 단정하다. 광장 건너편에 둥근 금빛 공을 머리에 얹어놓은 듯한 모습의 쎄쎄시온 미술관은[55] 도심의 웅장한 예술사 박물관[56]과 닮았지만, 그 느낌은 전혀 달라 마치 날아갈 듯 경쾌하다.

로스가 설계해 1911년 완공한 미카엘플라츠의 대리석 빌딩은 청년 양식을 더욱 단순화해서 마치 요즘 지은 건물 같다. 거대한 왕관을 쓴 것 같은 왕궁 건물의 출입문 앞에 서 있는 이 빌딩은 단순한 형태로 황실의 권위 앞에 알몸쇼를 하는 것 같아 보인다. 그래서 당시 사람들은 이 건물을 '눈썹 없는 건물'이라고 손가락질했다. 일반 주택에서조차 각 층마다 서로 다른 화려한 장식을 한 창이 있는 건물들에 익숙한 당시 사람들로서는 너무나 당연한 반응이었다.

하지만 로스는 기능과 장식을 구분해야 한다고 생각한 현대 건축가였다. 그는 집은 일상적인 생활필수품이며 따라서 장식보다는 기능이 우선시 되어야 한다고 생각했다. 그는 겉모습을 중시하는 빈 사람들의 장식주의적 사고방식을 배척했다. 19세기 말 빈의 시민 가정에는 온갖 장식용 살림살이들이 즐비하게 진열되어 있었다. 그것들은 손님에게 내보이기 위한 것이었으며 평소에는 때가 묻지 않게 잘 포장해 두었다. 로스는 이러한 시민들의 이중 행동을 모두 허위라며 배척했던 것이다. 그는 건물은 실용품일 뿐이며, 예술은 단순한 장식이 아니라 새로운 가치를 창조하는 혁명적인 것이 되어야 한다는 신념을 가지고 있었다.

빈 대학: 현대 학문의 발상지

600여 년의 역사를 자랑하는 빈 대학의 아카데미즘은 전통적으로 합스부르크 제국의 자존심을 지키기 위한 보수주의적 학풍을 가지고 있었다. 19세기 말 민족주의와 민주주의의 목소리가 커지고 사회가 혼란에 빠졌을 때는 가톨릭적 절대왕정을 정당화하는 라이프니치와 볼프의 합리론을 많이 연구했다. 그러나 보수주의 철학은 대학 주변의 신세대 학자들로부터 도전을 받기 시작했다. 세계를 가톨릭으로 설명하는 대신 자연과학과 경험주의가 득세하기 시작한 것이다.

자연과학과 수학적 사고의 영향을 받은 비트겐슈타인L. Wittgenstein은 전통 철학을 검증 불가능한 것으로 여겨 거부하고 새로운 논리적 언어를 추구했다. "말할 수 없는 것에 대해서는 침묵하라!"가 그의 신조였다. 물론 그의 언어철학은 재야

학자 마우트너Mauthner가 시작한 것이다. 빈에는 그동안 시민계급의 자유주의 언론매체들을 통해 수많은 문예란에 수식적 언어들이 난무하고 있었다. 마우트너는 그 언어들로 인한 착시 현상을 비판했다. 비트겐슈타인은 언어의 혼란을 자연과학적 명제와 체계로 정리하고 싶었다. 그의 「논리철학논고」는 그런 윤리적 사명감에서 탄생한 것이다. 포퍼K. Popper, 프레게G. Frege, 카르납R. Carnap 등이 그의 사상을 발전시켜 '빈 학파'를 형성했다. 이들의 냉정한 비판적 경험주의 이론에 따르면, 이 세상의 그 어떤 법칙도 영원히 유효성을 주장할 수 없다. 모든 법칙은 반대 사실들로 반증하기 이전까지만 한시적으로 유효한 것이다.

가톨릭적 세계관은 프로이트의 정신분석학으로 결정적인 치명타를 받고 흔들렸다. 시민계급의 합리주의적 이성에 토대를 둔 그의 논문들은 자연과학과 의학의 경험들에 입각해 인간에 대해 전혀 새로운 해석을 내놓았다. 그가 1886년 정신과 의사들 앞에서 행한 「남자들의 히스테리에 관해」라는 강연은 기존의 인간학을 뒤엎는 혁명적인 것이었다. 인간은 정신적 존재가 아니라 무의식적 섹스 욕망과 죽음 충동의 지배를 받는다는 '불경스런 정신분석학'을 대학의 아카데미즘이 용납할 리 없었다. '신이 만든 존엄한 인간을 동물적 욕망의 화신으로 떨어뜨리다니!' 프로이트가 대학 강단에 설 수 없게 된 것은 자명한 일이었다. 그는 강사 공채에 서류를 냈지만 10명 중 유일하게 낙방했다.

프로이트의 집은 오늘날 대학 건너편에 아직도 남아 있으며 프로이트 기념관으로 공개되고 있다.[57] 그는 왜 이렇게 대학이 빤히 보이는 가까운 곳에 이사 와서 살았을까? 그는 아침마다 대학 건물을 바라보며 어떤 생각을 했을까? 프로이트는 아마도 웅장한 대학 건물을 보며 출세와 명예를 욕망했을 것이다. 대학 교수직은 교수의 자제들과 조교들이 다시 그 자리를 이어받는 경우가 많아서 외부에서 온 낯선 소장학자가 교수가 되기란 하늘의 별 따기였다. 프로이트는 59세가 되어서야 처음으로 정교수가 될 수 있었다. 출세 욕망은 프로이드뿐만 아니라 빈의 모든 사람들에게 공통된 것이었다. 그의 '애도哀悼' 이론 역시 그런 시대적 경험을 바탕으로 만들어졌을 것이다. 다시 말해, 우리가 사랑하는 것을 잊을 수 있으려면 그것을 충분히 애도하고 떠나보내야 하는데, 이 귀족적 도시에서의 아름답고 명예로운 삶은 너무나 부러운 것이어서 그로서도 쉽게 포기할 수 없었을 것이다.

그러므로 빈 대학에서 역사학 중 예술사학이 발전하게 된 것도 우연이 아니었다. 빈의 거리마다 가득한 기념 건축물과 분수, 교회, 왕궁, 궁전들의 모습은 도시 전체를 보석 상자처럼 만들었고, 이것들에 대해 정치사와 분리해 그 자체로 연구하는 학문으로 예술사학이 성립했던 것이다. 리글Alois Riegl(1858~1905), 뵐플린Heinrich Wölfflin(1864~1945)이 새로운 학문의 개척자였으며, 곰브리치Ernst Hans Gombrich(1909~2001)는 이 학문을 더욱 발전시켰다.

20세기 | 현대의 빈

 20세기에 들어와서도 빈은 1918년 제1공화국이 탄생할 때까지 여전히 귀족들이 다스리는 도시였다. 사람들은 귀족이 되고 싶어 했으며, 국가는 명예박사 학위를 수여하듯 이따금씩 일반 시민에게 귀족의 작위를 수여했다. 명목상으로 빈은 입헌군주제이었기에 제국의회와 헌법이 있었지만 아무 소용이 없었다. 의회에서는 무수한 논쟁만 벌어질 뿐, 중요한 사안은 모두 황제의 긴급조치령에 따라 결정되었다.

 페르디난트 황태자 부부가 1914년 사라예보에서 세르비아 민족주의자의 총에 맞아 사망했을 때도 빈의 운명은 외교부의 일부 귀족 정치인들에 의해 결정되었다. 이들의 잘못된 판단은 제1차 세계대전을 야기했고, 빈을 배고픔과 추위로 몰아넣었다. 전쟁이 끝난 뒤, 1918년 황태자 카알 1세가 황제 즉위를 포기하고 스위스로 망명을 떠남으로써 합스부르크 왕가는 공식적으로 600여 년의 역사를 뒤로 하고 대단원의 막을 내렸다. 초대 대통령 렌너 박사는 전통적 귀족 제도를 폐지했다. 공작과 백작 등의 칭호가 이 나라에서 사라지고, 모든 사람이 동일한 선거권을 가지는 평등한 현대 국가가 탄생한 것이다. 그리고 과거 제국의 영토 안에서 헝가리, 유고슬라비아, 체코슬로바키아 공화국이 분리되어 독립했다.

독일-오스트리아 공화국의 수도 빈: 복지 국가의 실험

중부 유럽의 대제국에서 작은 올챙이 모양으로 축소된 신생 국가 '독일-오스트리아 공화국'은 '아무도 원하지 않는 나라'였다. 빈 국민들은 자신들이 독일 민족이라고 생각했다. 체코의 공업 지역과 헝가리의 농업 지역을 잃고 난 상태로는 경제에서 독자적 생존 능력이 없었으므로 진심으로 독일(바이마르공화국)에 합병되기를 원했다. 하지만 주변의 연합국들은 비스마르크의 독일제국 같은 힘 있는 독일이 다시 탄생하는 것을 원하지 않았다. 그래서 오스트리아를 독일과 분리해서 독립시켰던 것이다.

이리하여 오스트리아는 자의 반 타의 반으로 민주주의 국가로서 새로운 실험을 시작하게 되었다. 렌너 박사가 이끄는 오스트리아 사민당을 중심으로 내각이 구성되었다. 이 시대의 혼적을 찾아보고 싶다면 되블링Döbling의 칼맑스호프Karl-Marx-Hof에 가보면 된다. 1934년에 건립된 이 건물은 노동자와 서민들을 위한 대단위 아파트 단지다. 빈 서민들의 주택난을 해결하기 위해 지었으며, 전면의 길이만도 1.1km에 이른다. 총 1382세대로 구성되어 있으며, 공동 세탁장, 수영장, 유치원, 도서관, 병원, 상점 등의 편의 시설을 갖추고 있으며 80% 이상이 녹지 공간과 공유 내정內庭으로 구성되어 있다.

하지만 과거 봉건 국가의 잔재는 여전히 남아 있었다. 시민들은 근처의 넓은 잔디밭에 들어갈 수 없었으며, 주말에 쉬기 위해서는 멀리 도나우 강변 프라터 공원까지 나가야 했다. 이렇게 눈에 안 보이는 국가의 통제와 간섭, 그리고 무엇보다도 1929년 세계의 경제 공황으로 인한 경제 위기는 시민들을 곤경에 빠뜨렸다. 마침내 시민들의 불만은 1934년 반봉건 데모로 폭발했다. 시민들은 '공화주의 방위단(der Republikanische Schutzbund)'과 합세해 이 아파트에 바리케이드를 쳤다. 그러나 이 농성은 정부의 연방군과 오스트리아 파시즘 향토방위군에 의해 무력으로 진압 당했다. 세계 사회주의 운동 역사에서 오스트리아의 초기 사회주의 운동은 전례를 찾아보기 힘든 기록적인 것이다. 1929년에 사회주의 당원 수가 벌써 71만 8000명에 이르렀으며, 이들의 새로운 인권 문화를 이끄는 세력은 유태인 좌파 지식인들이었다.

하지만 전통 농민과 토박이 중산층, 특히 보수적 가톨릭주의자들은 사회주의자들의 계몽주의와 관용 이념에 위협을 느껴 이들을 멀리했다. 좌익과 우익 간의 대립과 정치 노선 투쟁에서는 사회주의 중도좌파들조차 오스트리아 민족주의로 몸을 돌리기 시작했다. 그들은 원래부터 유태인들의 자유주의를 두려워했다. 더 나아가 독일인들은 비스마르크의 소독일주의에 입각한 그들만의 통일(1871)로 고립감을 느꼈고, 오스트리아에게 협력을 바라는 손을 내밀었으며, '게르만 순혈주의'를 명분으로 내세웠다.

이런 국내외의 역학 속에서 사회의 모든 혼란은 농촌적 정신보다 도시적 자본주의를 지지하는 유태인들 때문인 것처럼 매도되었고 유태인들에 대한 대대적인 선동과 탄압이 시작되었다. 1938년 11월 이른바 '크리스탈의 밤'에는 폭도들이 유태인 주택들을 파괴했고, 빈 시내의 수십 개의 유태교 회당들이 화염에 휩싸였다. 모차르트 카페, 앙커 제빵회사, 오타크링 맥주회사 등 수많은 유태인 기업은 몰수되고, 대표자는 끌려가 살해당했다. 이제 새로운 법안에 따라 유태인들은 유태인 표지인 다윗의 별을 가슴에 붙이고 다녀야 했고, 노인들은 공원 의자에 앉아서 쉬는 것도 금지되었다. 유태인 가정은 창가로 지정되었고, 딸들은 자기 집에서 군인 손님들을 위한 위안부로 일해야 했다.

히틀러가 오스트리아 빈에 입성한 것은 1938년 3월이었다. 젊은 시절 화가로 성공하기 위해 빈에 왔던 그는 실패하고 돌아갔으나 이제 '개선장군'이 되어 돌아온 것이다. 수십만 명의 시민들이 '영웅광장'에 모여 그를 대대적으로 환영했다. 그 자리에서 히틀러는 독일-오스트리아 공화국의 해체와 독일제국(제3제국)으로의 통합을 선언했다. 자유주의의 무한한 자유와 방황에 지친 젊은이들은 히틀러의 선동 연설을 들으며 조국의 통일된 힘과 질서를 마침내 발견했다고 느꼈고, 자신의 한 목숨을 기꺼이 바치겠다고 결심했다. 이리하여 수많은 청년들이 히틀러의 군대에 자원입대했다. 그러나 그들 대부분이 배속된 독일 동맹군은 1939년 스탈린그라드 전투에서 패하여 몰살당했다. 이에 빈의 어머니와 아버지들은 자식의 전사 통지서를 손에 쥔 채 자신들의 잘못된 선택을 후회하기 시작했다. 정치인들 사이에서도 나치주의 극복을 위한 움직임이 생겨나기 시작했지만 때는 늦었다. 이미 너무 많은 희생자를 내고 만 것이다.

오스트리아 공화국의 수도 빈: 철의 장막에 열린 틈새

제2차 세계대전에서 패배한 빈의 운명은 다시 유럽 연합국가에 의해 결정되었다. 이번에도 전승 연합국들은 유럽의 중심에 강한 게르만 국가가 생겨나는 것을 원하지 않았다. 그들은 그곳을 비무장 지대처럼 만들고 싶었다. 그래서 제1차 세계대전 뒤에 독일과 오스트리아를 분할했듯이 이번에도 양 국가를 분할해 힘을 분산했다. 오스트리아 전 지역과 빈을 베를린처럼 4개 구역으로 나누어 연합 국가들의 신탁통치를 받게 했다.

빈 중심부의 1구는 미·영·소·불 4개국이 공동으로 관리 했으며, 기타 수도권 지역은 4개 구역으로 나누어 분할 통치했다. 그리고 국토 전체에 대해서도 4등분했다. 오스트리아 동부를 차지한 소련은 빈을 포함해 점령 지역을 공산화하려는 계획을 세웠다. 그러나 빈은 저항했다. 10년에 걸친 지루한 협상 끝에 1955년 5월 15일 벨베데르 궁에서 빈과 소련과의 국가조약이 체결되었다. 조약 체결 뒤 벨베데르궁 베란다에 모습을 드러낸 각국의 정상들은 빈 시민들을 향해 선언했다. "빈은 영세중립국 오스트리아의 수도로 남는다!" 초조하게 최종 회담 결과를 기다리던 시민들은 열렬한 환호와 박수를 보냈다. 소련으로서는 오스트리아를 스위스와 함께 중립국가로 만들어서 서구 진영 깊숙이 쐐기처럼 박아두는 것에 만족해야 했다. 소련은 자국의 경제개발 과업을 완수하는 일만으로도 벅찼던 터라 오스트리아의 경제 부흥을 위해 지원할 여력이 없었다. 오스트리아는 독일처럼 미국의 마샬 정책을 통한 지원으로 도나우 강의 기적을 일으킬 수 있었다.

20세기 후반, 냉전 시대에 빈은 중립국의 수도로서 많은 이득을 얻을 수 있었다. 빈은 동서 양 진영 간에 굳게 드리워진 '철의 장막' 사이로 열려진 소중한 틈새 공간이었기 때문이다. 동서 양 진영의 수많은 사람들이 서로 만나길 원했으며, 빈에서는 만날 수 있었다. 프라하, 바르샤바, 부다페스트, 페테르부르크 등 동구권의 주요 도시로 이어지는 철도와 항공편이 모두 빈을 기점으로 했다.

빈은 과거 중세 때 누렸던 무역 도시로서의 위상을 되찾았으며, 국제적 컨벤션 도시가 되었다. 19세기 말에 건립된 링의 고급 호텔들은 다시 수많은 외국인들로 붐볐다. 1980년대 빈 '서역(Westbahnhof)'은 우리나라 사람들에게 평양냉면집으로 유명했다. 그곳은 우리가 북한 사람을 직접 볼 수 있는 곳이기 때문이었다. 북한에 억류되었던 신상옥·최은희 부부가 1986년 미국으로 탈출한 곳도 바로 빈이었다. 그들은 빈에 왔다가 빈 주재 미국대사관으로 황급히 달려가 망명을 신청할 수 있었다.

1966년 뉴욕과 제네바에 이어 세 번째의 UNO 시티로 결정된 빈에는 현재 국제원자력기구를 비롯한 5개 국제기구가 상주하는 UNO 센터 빌딩이 있으며, 기타 국제상거래법위원회 등 수많은 기구도 빈 시내에 사무실을 두고 있다. 20세기 후반의 빈은 세계 정치가 맞물려 돌아가는 변속장치와 같은 곳이었다.

유럽연합 가입: 세계 무역의 허브 도시를 향한 전망

1990년을 전후해서 동구권이 붕괴한 이후, 빈은 중립국 수도로서 더 이상 존재 의의가 사라졌다. 게다가 오스트리아가 1995년 유럽연합 EU에 가입한 이후로는 거대한 유럽 경제권의 주변에 놓인 변방 국가로 전락한 셈이었다.

하지만 빈은 2004년에 헝가리, 체코, 폴란드 발트3국이 유럽연합에 가입하고 난 이후부터는 다시 새로운 전기를 맞았다. 지리적으로 거대한 유럽의 중심에 위치하게 되어 동구권의 시장이 블루오션으로 열렸기 때문이다. 그러나 빈에는 먼저 해결해야 할 문제들이 산더미처럼 쌓여 있다. 빈은 우선 이웃의 국제도시 취리히, 뮌헨, 프랑크푸르트 등과의 경쟁에서 이겨야 한다. 그리고 아직 구매력이 부족한 동구권의 프라하, 부다페스트의 경제 규모도 더 성장해야 하며, 정치적으로 불안한 발칸 반도도 안정을 찾아야 한다.58)

빈의 국제화에 장애가 되는 요인은 오스트리아 국내에도 많다. 바로 수많은 외국인 노동자들로 인한 실업률 증가와 이로 인한 인종주의가 부활할 움직임이 그것이다. 이를 이용해 오스트리아 자유당의 극우파 정치인 하이더J. Haider는 오스트리아의 유럽연합 가입을 '신자유주의'라고 반대하면서 시민들의 불안 심리를 이용해 집권을 꿈꾸고 있다. 이미 1980년대에 칠크Helmut Zilk 수상을 비롯해 여러 외국인 포용론자들이 극우파 테러리스트의 편지 폭탄 공격을 받았던 일은 잘 알려져 있는 사실이다.

장차 빈은 이런 미묘한 국내의 정치 문제부터 잘 해결해야 한다.59) 합스부르크 제국은 기본적으로 다민족 국가였으며 이 민족들에게 관용을 베풀었다. 민족주의가 득세하던 20세기 초반 잘못된 판단으로 유태인들과 동구권의 주변 국가에 잘못을 저지른 빈은 그 교훈을 되새겨야 하며, 합스부르크 제국의 진정한 중세적 이념을 잘 발전시켜야 한다. 그것은 평화 공존의 이념이다.

빈은 과거 청산을 제대로 한 적이 없으며, 파시즘 독일의 침략을 받은 피해 국가라고 자위해 왔다. 나치 전력을 가지고 있는 유엔 사무총장 발트하임이 연방 대통령으로 선출된 것은 그 한 예다. 빈은 광기의 시대에 윤리의식이 희박해져 저지른 잘못을 부인해서는 안 될 것이다. 빈은 지금까지 도시 곳곳에 있는 나치의 흔적을 지우는 데 급급했다.

그러한 빈에서 2000년도에 시내 한복판에 6만 5000명의 오스트리아 유태인 희생자를 기리는 기념 건축물을 세운 것은 특기할 만한 일이다. 시청 당국은 일부 여론의 반대를 무릅쓰고 '유태인 광장'에 거대한 기념물을 세운 것이다. 빈은 이제 과거의 잘못을 망각하지 않으려 한다. 빈의 영광은 이 도시로 온 유태인을 비롯한 수많은 이방인들의 피와 땀으로 이루어진 것이다.

환경도시: 경제적 소득보다 삶의 질이 중요

빈은 인간과 자연 간의 생태계적 순환도 원활하게 하기 위해 애쓰고 있다. 경제 성장 못지않게 삶의 질이 중요하다는 것을 알고 있기 때문이다. '머서 휴먼 리서치 컨설팅'은 2005년도에 세계에서 삶의 질이 가장 높은 도시로 스위스의 취리히와 제네바에 이어 캐나다의 밴쿠버와 오스트리아의 빈을 공동 3위로 뽑았다.

빈 동쪽 마자르 평원에서 불어오는 바람이 시내의 공기를 깨끗이 씻어 가며, 슈네베르크의 수돗물[60]은 얼음처럼 차갑고, 도심은 자동차 통행금지 구역으로 지정되어 있다. 주요 간선 도로망에는 공해가 없는 전기 버스와 시가 전철을 운행하며, 가정에서는 도시가스와 전기 오븐을 널리 애용하고 있다. 아직도 재래시장이나 골목 어귀의 식품점들에서는 조금 불편하더라도 포도나 딸기 등의 과일을 삼각형 종이봉투에 담아 주며, 슈퍼마켓에서는 일회용 쇼핑백을 한 개당 0.5유로 (약 600원) 정도에 판매하므로 손님들은 자연히 장바구니를 사용하고 있다.

툴른Tulln[61] 근처에 건설된 츠벤텐도르프Zwentendorf[62] 원자력발전소의 처리 과정은 빈 시민들의 높은 환경 의식을 보여 준다. 정부는 원자력발전소를 완공했으나 시민들의 반대 여론이 커지자 가동 여부를 놓고 1978년에 국민투표를 실시했다. 그 결과, 반대하는 표가 더 많이 나왔고, 따라서 정부는 원자력발전소를 완공해 놓고도 쓰레기 소각장 및 화력발전소로 용도 변경해 사용할 수밖에 없었다. 원자력발전소가 없는 빈은 전력 생산의 고비용 때문에 전기료가 비싼 편이지만 시민들은 그 부담을 기꺼이 감수하고 있다. 현재 빈의 전력 수요는 대부분 수력발전에 의존하고 있다. 시민들은 수력발전소를 추가로 건설하는 데도 반대를 많이 하는 편이지만, 1991년 도나우 강 프로이데나우Freudenau 지역에 수력발전소를 건설할 때는 국민투표에서 동의해 주었다.

빈 시민의 투철한 환경 의식은 1995년 부다페스트와 공동

개최 하기로 한 '세계무역박람회'와 관련한 1991년의 국민투표에서도 다시 한 번 확인되었다. 시민들은 프라터 공원의 녹지 공간에 세워질 엄청난 콘크리트 건물, 교통 체증, 임대료 상승 등의 부작용을 우려했으며 국민투표를 통해 그 계획을 무산시켰다. 빈은 비록 경제 발전에 다소 지장을 받더라도 환경과 삶의 질을 선택한 것이다.

영원한 중세 도시의 재해석: 전통과 현대의 조화

빈에서 이루어진 국민투표 결과는 빈 사람들이 보수적이라는 것을 말해 준다. 중세와 바로크 시대 이후 빈은 오랫동안 전통을 고수해 왔다. 거리마다 아직도 옛 수도원과 교회들이 그대로 남아 있다. 시민들의 일반 주택은 이미 100여 년 전 경제 개발이 성황을 이루던 '포말회사 설립기'에 건립된 모습 그대로인 경우가 많다. 집 안에는 선조로부터 물려받은 희귀한 골동품과 옛 가구들로 가득 차 있다. 유네스코가 2001년도에 빈의 구시가지 전체를 세계문화유산 구역으로 지정한 것은 너무도 당연한 결과라고 볼 수 있다.

빈 사람들은 옛 건물들의 영향을 받아서 그런지 몰라도 행동 방식도 고답적이다. 그들은 위계질서와 예의, 그리고 이름 앞에 붙는 각종 타이틀을 중시한다. 그래서 빈은 아직도 중세 신분제 사회처럼 보인다. 모직 전통 의상을 차려 입기 좋아하며, 총 가계소득 중에서 의류비 지출 비율은 이웃 도시 취리히를 능가하며, 정장을 잘 차려 입은 노인들을 거리에서 많이 볼 수 있다.

물론 빈은 최근 몇 년 사이에 젊어지기 위해 많이 노력하고 있다. 구시가지의 케른트너 거리는 현대 조각 예술품들로 조경 사업을 했으며, 현대식 아크릴 네온사인 간판도 많아졌다. 1990년 슈테판 대성당 옆에는 유리 거울 마감재로 외벽을 디자인한 하스하우스Haashaus 백화점이 들어섰다. 이 건물도 세기말 미하엘 광장의 로스하우스처럼 구설수에 올랐으나, 이제 어엿이 빈의 풍경 속에 자리 잡았다. 주변의 옛 건물들이 반사되어 비치는 모습은 빈이 나아가야 할 미래의 길을 제시하는 것처럼 보인다. 다시 말해, 빈은 유구한 전통을 보존하면서도 새롭게 혁신해야 한다. 현대 도시 빈의 맥박 치는 모습은 도나우 강변의 신도시 쪽으로 나가면 분명히 느낄 수 있다.

유엔본부 도시에 인접해 고층 빌딩들이 새로 생겨나고 있으며, 1999년에 도나우 강변 한델스카이Handelskai에는 높이가 202m나 되는 복합 주상 건물이 들어섰다.[63] 이 건물은 밤마다 두 개의 쌍둥이 안테나 탑 끝에서 빨간불이 반짝이는데, 그 생긴 모습이 마치 사슴벌레의 두 더듬이 같아 보인다. 미래의 갈 길을 모색 중인 빈의 상징처럼 느껴진다.

건너 북서쪽 지평선에는 칼렌베르크 언덕이 보인다. 그린칭에 있는 이 언덕에 오르면, 필자는 그릴파르처의 시가 생각난다.

너는 칼렌베르크에 올라 사방을 둘러본 적이 있는가?

그렇다면 너는 내가 글로 기록한 것과 내가 누구인지 알 리라.

해발 484m인 칼렌베르크 언덕에 서면, 사방으로 드넓은 평원이 내려다보이는데, 빈 시내 쪽을 보면 그다지 높지 않은 4층에서 6층 사이의 일반 주택과 상가 건물들이 보이며, 그 사이사이로 무수히 많은 교회의 뾰족한 탑들과 둥근 돔들이 솟아 있는 것이 보인다. 빈이 기독교 도시라는 것을 새삼 느끼게 되며, 심지어 키 큰 가로수와 공원들의 나무들도 종탑처럼 보인다. 뛰어난 도시 경관만 두고 볼 때 빈은 분명히 신의 축복을 받은 도시다.

푸른 도나우 강은 프라하, 빈, 그리고 부다페스트를 하나로 연결하며 유유히 흐른다. 비록 오스트리아는 1955년에 연합국과의 국가 조약에서 합스부르크 왕가를 재건하지 않겠다고 약속했지만, 빈은 그릴파르처 시의 참된 의미를 되살려 굽이굽이 흐르는 도나우 강물처럼 세계 곳곳을 연결하는 가교 역할을 해야 할 것이다.

주

1) www.bda.at
2) www.wienmuseum.at
3) www.ruprechtskirche.at
4) Henriette Mandl, *Wiener Altstadtspaziergänge*, Ueberreuter, 2001, p.116.
5) 오스트리아의 거리 이름은 대부분 슈트라세Strasse, 가세Gasse, 또는 알레Allee로 끝나는데, 슈트라세는 큰길, 가세는 골목길, 알레는 아름다운 가로수 길을 의미한다.
6) Martina Pippal, *Kleine Kungstgeschichte Wiens*, C.H.Beck, 2000, p.25.
7) Katrin Keller, "Hofdamen", *Amtsträgerinnen im Wiener Hofstaat des 17. Jahrhunderts*, Böhlau, 2005 참조.
8) www.wienmuseum.at
9) www.hgm.or.at
10) Martina Pippal, *Kleine Kunstgeschichte Wiens*, Beck, 2000, p.87 참조.
11) www.khm.at
12) www.hofburg.org
13) www.schoenbrunn.at
14) www.mozarthausvienna.at
15) 독일의 유명한 배우 브란다우어Klaus Maria Brandauer가 ARD와 das Schweizer Radio DRS 2 라디오 방송에서 1년 기획으로 모차르트의 창의적인 글 솜씨가 담긴 편지 365편을 날마다 한 편씩 읽고 있다. mozart.ard.de에서 다시 들을 수 있다.
16) Duncan J. D. Smith, *Nur in Wien. Ein Reiseführer zu sonderbaren Orten, geheimen Plätzen und versteckten Sehenswürdigkeiten*, C. Brandstätter Verlag, p.53 이하.
17) Ludwig Finscher, *Joseph Haydn und seine Zeit. Mit Notenbeispielen in Text und Bildtafeln*, Laaber-Verlag, 2000 참조.
18) www.wien-vienna.at
19) www.laxenburg.at

20) www.baden-bei-wien.at
21) www.melk.gv.at
22) www.eisenstadt.at
23) www.wiener-neustadt.at
24) www.khm.at
25) www.liechtensteinmuseum.at
26) www.hofmobiliendepot.at
27) www.dorotheum.com
28) 이 문학은 인상주의적 단상斷想을 스케치한 수필 형식이 많다. 인성기, 『빈 모더니즘』, 연세대출판부, 2005 참조.
29) 크링슈타이너Ferdinand Kringsteiner의 패러디극.
30) www.volkstheater.at
31) www.theater-wien.at
32) Michael Wladika, *Hitlers Vätergeneration. Die Ursprünge des Nationalsozialismus in der k. u. k. Monarchie*, Böhlau Verlag, 2005.
33) www.viennatouristguide.at
34) www.planet-vienna.com
35) www.mayerling.info
36) www.augustiner.at
37) www.hofburg-wien.at
38) 씨씨는 독일 바이에른의 마지막 황제 루트비히 2세가 짝사랑한 여인이기도 했다. 루트비히 2세는 퓌센Füssen에 17년에 걸쳐 아름다운 '노이슈반슈타인Neuschwanstein 성', 일명 '백조의 성'을 지었지만, 막상 자신은 그곳에서 172일밖에 못 살고 근처 호숫가에서 시신으로 발견되었다. 그의 성 건축은 죽어가는 백조로서 그가 마지막에 부른 슬픈 노래였던 셈이다.
39) www.schloss-artstetten.at
40) www.kaisergruft.at
41) 그중에서 12명이 황제이고, 17명이 여왕 또는 황후임.
42) 요제프 1세의 왕위를 계승한 카를 1세의 부인.
43) Leopold Andrian, *Der Garten der Erkenntnis*, Manesse, 1990, pp.20-21.

44) www.volksoper.at
45) www.seefestspiele-moerbisch.at
46) www.musikverein.at
47) 오늘날의 1구(1Bezirk), 즉 구시가지에 해당하는 지역.
48) '허리띠'라는 뜻임.
49) Carl E. Schorske, *Wien. Geist und Gesellschaft im Fin de Siècle. Aus dem Amerikanischen von Horst Günther 2*, S.Fischer, 1982, p.7.
50) www.parlinkom.gv.at
51) www.burgtheater.at
52) Alfred Polgar, *Handbuch des Kritikers*, Zsolnay, 1997, p.9.
53) www.wiener-staatsoper.at
54) Stephen Broo, *Vienna. Eyewitness Travel Guides*, DK, 2004, p.96.
55) www.secession.at
56) www.khm.at
57) www.freud-museum.at
58) Felix Jülg, *Österreich. Zentrum und Peripherie im Herzen Europas*, Klett-Perthes, 2001, p.265 이하.
59) 빈의 주요 정당들에 대해서는 www.wien-konkret.at/politik를 참조.
60) 오늘날 빈은 식수원으로 도나우 강 지하수가 아닌 슈네베르크Schneeberg의 눈 녹은 물을 사용하므로 전염병 걱정을 하지 않아도 된다. 빈 남쪽 65km 지점에 있는 이 산은 빈 시민들이 사랑하는 관광 휴양지다. 이미 100년 전에 건설된 톱니바퀴 산악 리프트를 타고 고도 1800m까지 올라갈 수 있다.
61) www.tulln.at
62) www.zwentendorf.at
63) www.millennium-city.at

빈 예술을 사랑하는 영원한 중세 도시

펴낸날	초판 1쇄 2007년 8월 5일
	초판 3쇄 2015년 3월 25일
지은이	인성기
펴낸이	심만수
펴낸곳	(주)살림출판사
출판등록	1989년 11월 1일 제9-210호
주소	경기도 파주시 광인사길 30
전화	031-955-1350 팩스 031-624-1356
기획·편집	031-955-4671
홈페이지	http://www.sallimbooks.com
이메일	book@sallimbooks.com
ISBN	978-89-522-0682-4 04080

※ 값은 뒤표지에 있습니다.
※ 잘못 만들어진 책은 구입하신 서점에서 바꾸어 드립니다.

함께 읽으면 좋은 책

역사·문명

085 책과 세계

강유원(철학자)

책이라는 텍스트는 본래 세계라는 맥락에서 생겨났다. 인류가 남긴 고전의 중요성은 바로 우리가 가 볼 수 없는 세계를 글자라는 매개를 통해서 우리에게 생생하게 전해 주는 것이다. 이 책은 역사라는 시간과 지상이라고 하는 공간 속에 나타났던 텍스트를 통해 고전에 담겨진 사회와 사상을 드러내려 한다.

056 중국의 고구려사 왜곡 `eBook`

최광식(고려대 한국사학과 교수)

중국의 고구려사 왜곡의 숨은 의도와 논리, 그리고 우리의 대응 방안을 다뤘다. 저자는 동북공정이 국가 차원에서 진행되는 정치적 프로젝트임을 치밀하게 증언한다. 경제적 목적과 영토 확장의 이해관계 등이 복잡하게 얽혀 있는 동북공정의 진정한 배경에 대한 설명, 고구려의 역사적 정체성에 대한 문제, 고구려사 왜곡에 대한 우리의 대처방법 등이 소개된다.

291 프랑스 혁명 `eBook`

서정복(충남대 사학과 교수)

프랑스 혁명은 시민혁명의 모델이자 근대 시민국가 탄생의 상징이지만, 그 실상을 아는 사람은 많지 않다. 프랑스 혁명이 바스티유 습격 이전에 이미 시작되었으며, 자유와 평등 그리고 공화정의 꽃을 피기 위해 너무 많은 피를 흘렸고, 혁명의 과정에서 해방과 공포가 엇갈리고 있었다는 등의 이야기를 통해 프랑스 혁명의 실상을 소개한다.

139 신용하 교수의 독도 이야기 `eBook`

신용하(백범학술원 원장)

사학계의 원로이자 독도 관련 연구의 대가인 신용하 교수가 일본의 독도 영토 편입문제를 걱정하며 일반 독자가 읽기 쉽게 쓴 책. 저자는 역사적으로나 국제법상으로 실효적 점유상으로나, 어느 측면에서 보아도 독도는 명백하게 우리 땅이라고 주장하며 여러 가지 역사적인 자료를 제시한다.

역사·문명

144 페르시아 문화

eBook

신규섭(한국외대 연구교수)

인류 최초 문명의 뿌리에서 뻗어 나와 아랍을 넘어 중국, 인도와 파키스탄, 심지어 그리스에까지 흔적을 남긴 페르시아 문화에 대한 개론서. 이 책은 오랫동안 베일에 가려 있던 페르시아 문명을 소개하여 이슬람에 대한 편견과 오해를 바로 잡는다. 이태백이 이란계였다는 사실, 돈황과 서역, 이란의 현대 문화 등이 서술된다.

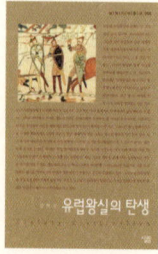

086 유럽왕실의 탄생

김현수(단국대 역사학과 교수)

인류에게 '예술과 문명' 그리고 '근대와 국가'라는 개념을 선사한 유럽왕실. 유럽왕실의 탄생배경과 그 정체성은 무엇인가? 이 책은 게르만의 한 종족인 프랑크족과 메로빙거 왕조, 프랑스의 카페 왕조, 독일의 작센 왕조, 잉글랜드의 웨섹스 왕조 등 수많은 왕조의 출현과 쇠퇴를 통해 유럽 역사의 변천을 소개한다.

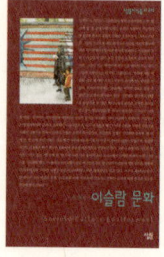

016 이슬람 문화

이희수(한양대 문화인류학과 교수)

이슬람교와 무슬림의 삶, 테러와 팔레스타인 문제 등 이슬람 문화 전반을 다룬 책. 저자는 그들의 멋과 가치관을 흥미롭게 설명하면서 한편으로 오해와 편견에 사로잡혀 있던 시각의 일대 전환을 요구한다. 이슬람교와 기독교의 관계, 무슬림의 삶과 낭만, 이슬람 원리주의와 지하드의 실상, 팔레스타인 분할 과정 등의 내용이 소개된다.

100 여행 이야기

eBook

이진홍(한국외대 강사)

이 책은 여행의 본질 위를 '길거리의 철학자'처럼 편안하게 소요한다. 먼저 여행의 역사를 더듬어 봄으로써 여행이 어떻게 인류 역사의 형성과 같이해 왔는지를 생각하고, 다음으로 여행의 사회학적·심리학적 의미를 추적함으로써 여행에 어떤 의미를 부여할 것인가에 대해 말한다. 또한 우리의 내면과 여행의 관계 정의를 시도한다.

역사·문명

293 문화대혁명 중국 현대사의 트라우마 eBook

백승욱(중앙대 사회학과 교수)

중국의 문화대혁명은 한두 줄의 정부 공식 입장을 통해 정리될 수 없는 중대한 사건이다. 20세기 중국의 모든 모순은 사실 문화대혁명 시기에 집약되어 있다고 해도 과언이 아니다. 사회주의 시기의 국가·당·대중의 모순이라는 문제의 복판에서 문화대혁명을 다시 읽을 필요가 있는 지금, 이 책은 문화대혁명에 대한 안내자가 될 것이다.

174 정치의 원형을 찾아서 eBook

최자영(부산외국어대학교 HK교수)

인류가 걸어온 모든 정치체제들을 매우 짧은 기간 동안 시험하고 정비한 나라, 그리스. 이 책은 과두정, 민주정, 참주정 등 고대 그리스의 정치사를 추적하고, 정치가들의 파란만장한 일화 등을 소개하고 있다. 특히 이 책의 저자는 아테네인들이 추구했던 정치방법이 오늘 우리 사회가 당면한 문제를 해결할 수 있는 지혜의 발견에 도움을 줄 수 있을 것이라고 말한다.

420 위대한 도서관 건축순례 eBook

최정태(부산대학교 명예교수)

이 책은 도서관의 건축을 중심으로 다룬 일종의 기행문이다. 고대 도서관에서부터 21세기에 완공된 최첨단 도서관까지, 필자는 가능한 많은 도서관을 직접 찾아보려고 애썼다. 미처 방문하지 못한 도서관에 대해서는 문헌과 그림 등 가능한 많은 정보를 수집하려 노력했다. 필자의 단상들을 함께 읽는 동안 우리 사회에서 도서관이 차지하는 의미에 대해 다시 생각하게 된다.

421 아름다운 도서관 오디세이 eBook

최정태(부산대학교 명예교수)

이 책은 문헌정보학과에서 자료 조직을 공부하고 평생을 도서관에 몸담았던 한 도서관 애찬가의 고백이다. 필자는 퇴임 후 지금까지 도서관을 돌아다니면서 직접 보고 배운 것이 40여 년 동안 강단과 현장에서 보고 얻은 이야기보다 훨씬 많았다고 말한다. '세계 도서관 여행 가이드'라 불러도 손색없을 만큼 풍부하고 다채로운 내용이 이 한 권에 담겼다.

역사 · 문명

eBook 표시가 되어있는 도서는 전자책으로 구매가 가능합니다.

- 016 이슬람 문화 | 이희수
- 017 살롱문화 | 서정복 eBook
- 020 문신의 역사 | 조현설 eBook
- 038 헬레니즘 | 윤진 eBook
- 056 중국의 고구려사 왜곡 | 최광식
- 085 책과 세계 | 강유원
- 086 유럽왕실의 탄생 | 김현수 eBook
- 087 박물관의 탄생 | 전진성 eBook
- 088 절대왕정의 탄생 | 임승휘 eBook
- 100 여행 이야기 | 이진홍
- 101 아테네 | 장영란 eBook
- 102 로마 | 한형곤 eBook
- 103 이스탄불 | 이희수
- 104 예루살렘 | 최창모
- 105 상트 페테르부르크 | 방일권 eBook
- 106 하이델베르크 | 곽병휴
- 107 파리 | 김복래 eBook
- 108 바르샤바 | 최건영
- 109 부에노스아이레스 | 고부안 eBook
- 110 멕시코 시티 | 정혜주
- 111 나이로비 | 양철준 eBook
- 112 고대 올림픽의 세계 | 김복희
- 113 종교와 스포츠 | 이창익 eBook
- 115 그리스 문명 | 최혜영
- 116 그리스와 로마 | 김덕수 eBook
- 117 알렉산드로스 | 조현미
- 138 세계지도의 역사와 한반도의 발견 | 김상근 eBook
- 139 신용하 교수의 독도 이야기 | 신용하
- 140 간도는 누구의 땅인가 | 이성환
- 143 바로크 | 신정아

- 144 페르시아 문화 | 신규섭 eBook
- 150 모던 걸 여우 목도리를 버려라 | 김주리 eBook
- 151 누가 하이카라 여성을 데리고 사누 | 김미지 eBook
- 152 스위트 홈의 기원 | 백지혜 eBook
- 153 대중적 감수성의 탄생 | 강심호
- 154 에로 그로 넌센스 | 소래섭 eBook
- 155 소리가 만들어낸 근대의 풍경 | 이승원 eBook
- 156 서울은 어떻게 계획되었는가 | 염복규
- 157 부엌의 문화사 | 함한희
- 171 프랑크푸르트 | 이기식 eBook
- 172 바그다드 | 이동은 eBook
- 173 아테네인, 스파르타인 | 윤진
- 174 정치의 원형을 찾아서 | 최자영
- 175 소르본 대학 | 서정복 eBook
- 187 일본의 서양문화 수용사 | 정하미
- 188 번역과 일본의 근대 | 최경옥
- 189 전쟁국가 일본 | 이성환 eBook
- 191 일본 누드 문화사 | 최유경
- 192 주신구라 | 이준섭
- 193 일본의 신사 | 박규태 eBook
- 220 십자군, 성전과 약탈의 역사 | 진원숙
- 239 프라하 | 김규진
- 240 부다페스트 | 김성진 eBook
- 241 보스턴 | 황선희
- 242 돈황 | 전인초 eBook
- 249 서양 무기의 역사 | 이내주
- 250 백화점의 문화사 | 김인호
- 251 초콜릿 이야기 | 정한진
- 252 향신료 이야기 | 정한진
- 259 와인의 문화사 | 고형욱

- 269 이라크의 역사 | 공일주
- 283 초기 기독교 이야기 | 진원숙
- 285 비잔틴제국 | 진원숙 eBook
- 286 오스만제국 | 진원숙
- 291 프랑스 혁명 | 서정복 eBook
- 292 메이지유신 | 장인성
- 293 문화대혁명 | 백승욱
- 294 기생 이야기 | 신현규 eBook
- 295 에베레스트 | 김법모
- 296 빈 | 인성기 eBook
- 297 발트3국 | 서진석 eBook
- 298 아일랜드 | 한일동
- 308 홍차 이야기 | 정은희
- 317 대학의 역사 | 이광주
- 318 이슬람의 탄생 | 진원숙
- 335 고대 페르시아의 역사 | 유흥태
- 336 이란의 역사 | 유흥태
- 337 에스파한 | 유흥태
- 342 다방과 카페, 모던보이의 아지트 | 장유정
- 343 역사 속의 채식인 | 이광조
- 371 대공황 시대 | 양동휴
- 420 위대한 도서관 건축순례 | 최정태 eBook
- 421 아름다운 도서관 오디세이 | 최정태
- 423 서양 건축과 실내 디자인의 역사 | 천진희 eBook
- 424 서양 가구의 역사 | 공혜원
- 437 알렉산드리아 비블리오테카 | 남태우 eBook
- 439 전통 명품의 보고, 규장각 | 신병주 eBook
- 443 국제난민 이야기 | 김철민 eBook
- 462 장군 이순신 | 도현신 eBook
- 463 전쟁의 심리학 | 이윤규

㈜살림출판사
www.sallimbooks.com
주소 경기도 파주시 문발동 522-1 | 전화 031-955-1350 | 팩스 031-955-1355